『鬼滅の刃』流 強い自分のつくり方

井島由佳
Yuka Ijima

アスコム

はじめに

私は、息子が『鬼滅《きめつ》の刃』を教えてくれたとき、なんてすごいマンガなんだと衝撃を受けました。

そして、学生や若い人たちには必ず読んでほしいと思いました。

それは、**こんなにも、親や教師が伝えたいメッセージが、熱く、わかりやすく詰め込まれたマンガは、ほかにない**からです。

私たちが生きている現実世界は、過酷です。
思い通りにならない。
やりたいことは自由にできない。
欲しいものはすぐに手に入らない。
自分はなんて弱いんだ、もうダメだと思い知らされることが多いことでしょう。

生き抜くためには、強い自分をつくりなさい、とよくいわれると思います。

でも、どうすれば強くなれるのか、多くの人が教えあぐねています。それは、誰も「こうすれば強くなれる！」とはっきりと答えられないからでしょう。

『鬼滅の刃』では、それがすっきりとわかりやすく示されます。

『鬼滅の刃』が教えてくれる「強さ」とは

どうすれば、人は強くなれるのか。

強いといわれる人は、どうふるまうのか。何を考えているのか。

キャラクターを通して、描かれます。

たとえば、主役の竈《かま》門《ど》炭《たん》治《じ》郎《ろう》。

彼は、本当に強い人です。

でも、炭治郎は、力や技だけが強いわけではありません。


炭治郎の強さは、炭治郎の人となりが支えています。

たとえば、自分に厳しく、他人に優しくできるところ。良いと思うことに対しては「良い」、悪いと思うことに対しては「悪い」とはっきり言えるところ。とにかく家族思いで、仲間思いなところ。それでいて、人間の敵である鬼に対してまでも慈悲の心を持っているところ。恨まない。妬《ねた》まない。引きずらない。素直で、純粋で、ひたすら相手の良い部分を探し、そこに目を向け、認めようとするところ……。

だけど、パーフェクトな人間ではなくて、弱い面もあるし、天然ボケなところもあって憎めない。


そう、炭治郎は、ふつうの子です。だけど、世の中を生き抜くための強さを、ほとんどすべて持っているのです。詳しくは本文で説明しますね。

炭治郎の必殺技や攻撃は現実にはまねすることはできませんが、心の持ち方や自分の高め方は、私たちもまねできます。

『鬼滅の刃』には、ほかにも、魅力的なキャラクターがたくさん登場します。印象的なセリフを言って、まねしたくなるかっこいい行動をします。

ストーリーがおもしろいだけでなく、キャラクターそれぞれに強い個性があって、人生のお手本にしたいと思わせるところも、この作品が幅広い層の心をつかむ一因となっているのです。

ファンタジーだけどファンタジーではない。

『鬼滅の刃』には、リアルに通じる教えが、描かれています。

大人も子どもも、みんなが誰かに教わりたかった、強く生きるための教えが、このマンガには詰まっています。

だから、みんなの心に刺さり、みんなを熱くさせるのです。

『鬼滅の刃』は、２０１６年の春に『週刊少年ジャンプ』（集英社）で連載がスタートしました。２０１９年４月から始まったアニメをきっかけに人気に火がつき、今では〝国民的マンガ〟のひとつに数えられるほどになりました。

社会現象も巻き起こし、コミックスや関連グッズは飛ぶように売れ、原作シリーズの累計発行部数は４０００万部（２０２０年１月時点）を突破。アニメの主題歌『紅《ぐ》蓮《れん》華《げ》』も大ヒット。コスプレはもちろん、髪色や髪形をまねするなど、キャラクターになりきりたいと思うファンたちが続出しています。

〝鬼滅ブーム〟の勢いはとどまるところを知りません。

このブームは必然だったと、私は思います。

理不尽な現実は変えられないからこそ前を向く炭治郎の強さ

『鬼滅の刃』の舞台となっているのは大正時代の日本。

炭治郎は亡くなった父親の跡を継ぎ、山で伐採した木を炭にして売る仕事に精を出しながら、長男として一家を支えていました。

そんなある日、炭治郎がふもとの町に炭を売りに行っている間に家族が鬼に襲われ、母親と4人の弟、妹たちが殺されてしまいます。ひとつ年下の妹の禰豆子《ねずこ》だけは生き残ったものの、鬼の血が体内に入ったことで鬼化してしまっていました。

なんとかして妹を助けたい炭治郎は、鬼を狩る鬼殺隊《きさつたい》という組織の冨岡義勇《とみおかぎゆう》と出会い、禰豆子を人間に戻す方法を見つけるために鬼と対峙《たいじ》することを決意します。そして、鬼殺隊の剣士の育成役を担う〝育手《そだて》〟の鱗滝左近次《うろこだきさこんじ》のもと、厳しい修行に励み、死と隣り合わせの過酷な試験を乗り越え、鬼殺隊の一員に加わることが認められます。

炭治郎は、千年以上も前から生き続けている鬼舞辻無惨《きぶつじむざん》という鬼が禰豆子を人間に戻す方法を知っているかもしれないと教えられ、そこにたどり着くために同期や「柱」と呼ばれる鬼殺隊の精鋭部隊の剣士たちと切磋琢磨《せっさたくま》し、力を合わせながら、鬼舞辻の手下の鬼たちと壮絶な戦いを繰り広げていきます。

果たして炭治郎は、鬼舞辻を倒すことができるのか？

禰豆子を人間に戻すことに成功するのか？

これが、『鬼滅の刃』のおおまかなストーリーです。

物語の大きな見どころは、さまざまな人々との出会いや、鬼たちとの戦いを経験しながら、人間として成長し、強くなっていく炭治郎の姿。

立ちはだかる壁が大きくなればなるほど戦いは厳しくなりますが、なにごとにも正々堂々と挑み、最後まであきらめない姿勢を崩さない炭治郎は、自然と見る者を応援したくなる気持ちにさせます。

炭治郎が直面する現実は、理不尽なことだらけ。

普通の精神の持ち主であったら、途中で心が折れてしまってもおかしくありません。貧しくとも幸せに暮らしていた家族が、鬼の欲を満たすためだけに惨殺されるところから始まるわけですから。ゼロからどころか、大きなマイナスからのスタート。それでも、炭治郎は前を向き続けます。

そして、そんな**彼の言動や行動は、問題を解決したり、状況を好転させたりするためのヒントに満ちあふれています**。

みなさんも日常生活で、大なり小なり理不尽に感じる場面に遭遇することがあると思います。

たとえば、

・言われた通りにやったのに、間違っていると怒られた
・どこにも落ち度がないのに、笑顔が足りないと怒鳴られた
・大切にしていたものを、友達にこわされた
・みんな時間を守れなかったのに、自分だけ注意された
・約束していたのに、連絡もなくドタキャンされた

そんなとき、怒りを覚えたり、イライラしたり、とかく熱くなってしまうのが人間というもの。炭治郎も、家族や仲間が鬼に傷つけられたときはおおいに怒ります。

しかし、彼はそこから不屈の精神で、その怒りを原動力にポジティブな思考に切り替えます。**決してほかを責めたり、投げやりになったり、やけになったり、あきらめたりしません。必ず突破口を見つけ、強くなるための原動力に変える**のです。

それは、自分の力不足がまねいた失敗やピンチに関しても同じ。なにがダメだったのか。どうすればうまくいくのか。常にそこに意識を向けるのが、炭治郎なのです。

だから、強くなるのです。

「失っても失っても生きていくしかないです　どんなに打ちのめされようと」
（2巻　第13話「お前が」より）

これは、婚約者が鬼に喰《く》われたことを知り、ショックで自分を見失った状態になっている和巳という青年に、炭治郎がかけた言葉です。

相手のことを気づかいつつも、ここで立ち止まらずに前を向くことの重要性を、自分にも言い聞かせるように説いています。

理不尽な現実は変えられないことを受け入れ、それに絶望せずに次の一歩を踏み出そうとする、炭治郎の強さをまさに象徴しているセリフといえるでしょう。

炭治郎たちが教えてくれる現代人が忘れかけた日本人の強さと美しさ

私の専門は心理学で、大学で教えています。また、カウンセラーや講師として、中学・高校・大学や自治体・企業のセミナーを通じ、キャリアデザインやチームビルディングに関する講義も行っています。

その際、マンガのキャラクターやエピソードを活用することがあり、『鬼滅の刃』を題材にするケースも少なくありません。

炭治郎と、彼をとりまく人たちの生き方、考え方、関係性は、私たちが生きていくうえで大切なこと、良好な人間関係を築くうえで必要なことを教えてくれます。

以前学生に対して行ったアンケートに「影響を受けたマンガとその理由」という設問を用意したところ、次のような回答がありました。

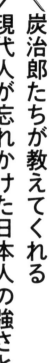

学生Ａ「回答：鬼滅の刃　理由：家族とか、友達をあんなに大事にするという、当たり前のことを、当たり前にできている炭治郎がすごいと思った」
学生Ｂ「回答：鬼滅の刃　理由：当たり前と思っていることをしなければいけないということを、教えてもらった」

炭治郎を中心にした登場人物たちの言動、立ち居ふるまいは、現代人が忘れかけているけれど、実は当たり前のこと、やって然《しか》るべきことが多いのです。

舞台が大正時代ということもあり、古き良き日本人の美しい心を大切にしているところが感じられます。

目標達成には努力の積み重ねが欠かせないこと。
人間は決して1人では生きていけないという現実。
相手を認め、敬い、大切にしようとする姿勢の重要性。
『鬼滅の刃』は、私たちが当たり前のように思っていながらも、ふだんなかなか意識することのできない〝人生の真理〟のなんたるかを、人間の強さをこれでもかというほど示してくれます。

私は、この本を通して、『鬼滅の刃』に込められたメッセージをひも解き、みなさんへお伝えするガイドとなれれば、と思っています。

炭治郎や禰豆子、善逸《ぜんいつ》、伊之助《いのすけ》、鬼殺隊の柱たちの印象的なセリフやシーンはもちろん、お手本にすべきでない反面教師として、鬼舞辻をはじめとする鬼たちの言動も紹介します。正義と悪を対比することで、炭治郎たちの強さがいっそう引き立つと思います。

- 明確な目標を持てないまま生きている
- なにかに挑戦する前からあきらめることが多い
- コツコツと努力することが好きでない
- ネガティブ思考だという自覚がある

・**他人とコミュニケーションをとるのが苦手**

・**ものごとはすべて自分中心に考えてしまう**

・**なにかにつけて「自分は悪くない」と思いがち**

・**他人から嫌われないために本音を隠し、忖度《そんたく》してばかり**

・**自分は不幸だと思っている**

これらにひとつでも該当する人、あるいは「そうなりたくない」と思う人は、ぜひ最後まで目を通してください。

炭治郎が、そしてその仲間たちが、今よりももっと強い自分と、希望と達成感に満ちた人生を、きっとあなたにもたらしてくれるでしょう。

みなさんが強い自分を手に入れて、どんな困難に直面しても、自分の手で未来を切り開き、夢をかなえるための一歩を踏み出すお手伝いができれば、幸いです。

『鬼滅の刃』の対立図

鬼殺隊《きさつたい》

◎当主《とうしゅ》

[鬼殺隊最高責任者]

産屋敷耀哉《うぶやしきかがや》（お館様）

◉柱《はしら》[鬼殺隊最高位の剣士]

- 冨岡義勇《とみおかぎゆう》（水柱）
- 宇髄天元《うずいてんげん》（音柱）
- 悲鳴嶼行冥《ひめじまぎょうめい》（岩柱）
- 煉獄杏寿郎《れんごくきょうじゅろう》（炎柱）
- 甘露寺蜜璃《かんろじみつり》（恋柱）
- 不死川実弥《しなずがわさねみ》（風柱）
- 胡蝶《こちょう》しのぶ（蟲柱）
- 時透無一郎《ときとうむいちろう》（霞柱）
- 伊黒小芭内《いぐろおばない》（蛇柱）

隠《かくし》

戦闘の事後処理や支援を行う

⊙隊士《たいし》[主戦力]

竈門炭治郎《かまどたんじろう》、我妻善逸《あがつまぜんいつ》、嘴平伊之助《はしびらいのすけ》、不死川玄弥《しなずがわげんや》

⊙継子《つぐこ》

[柱の直弟子]

栗花落《つゆり》カナヲ

その他関連職

○育手《そだて》

入隊希望者に剣士の基本を伝授する、かつての上級隊士たち

刀鍛冶《かたなかじ》

鬼を狩るための武器「日輪刀」の鍛造を受け持つ匠たち

×

鬼《おに》

▽鬼の始祖《しそ》

鬼舞辻無惨《きぶつじむざん》

▼十二鬼月《じゅうにきづき》[鬼舞辻直属の配下]

上弦《じょうげん》の鬼

柱をも倒せるほどの力を持つ鬼。能力順に両目に壱～陸の数字が刻まれている

下弦《かげん》の鬼

柱でなければ倒せないほどの力を持つ鬼。能力順に片目に壱～陸の数字が刻まれている

異能《いのう》の鬼

血鬼術を扱える鬼

下級《かきゅう》の鬼

異能の力を持たない鬼

本書で紹介する『鬼滅の刃』のストーリーの主な登場人物

◉〔隊士〕竈門炭治郎《かまどたんじろう》

『鬼滅の刃』の主人公。嗅覚にすぐれている。鬼に襲われた家族のなかで唯一生き残ったが、鬼化してしまった妹を人間に戻すために鬼殺隊の剣士となる。家族思いで心優しい炭売りの少年は、厳しい鍛錬と鬼との戦いを重ねることで、心身ともに強い剣士へと成長する。

◉〔鬼〕竈門禰豆子《かまどねずこ》

炭治郎の妹。襲われたときに鬼舞辻の血が体内に入ったことで鬼化するが、ほかの鬼と異なり人間を襲うことはなく、炭治郎とともに鬼と戦い、人間を守る。また、禰豆子は日の光を克服した唯一の鬼でもある。

◉〔隊士〕我妻善逸《あがつまぜんいつ》

炭治郎の最終選別時の同期で、驚異的な聴力を持つ。ふだんは弱気なヘタレだが、恐怖から眠りに落ちると覚醒し、強靭な脚力で上弦の鬼をも圧倒する。

◉〔隊士〕嘴平伊之助《はしびらいのすけ》

炭治郎の最終選別時の同期で、並外れた鋭い触覚を持ち、誰かれかまわず勝負を挑む猪突猛進タイプ。常に猪のかぶりものをし、二本の刀で鬼と戦う。

○〔育手〕鱗《うろこ》滝《だき》左《さ》近《こん》次《じ》

鬼殺隊への入隊希望者に剣士の基本をたたき込む「育手」。炭治郎の育手が鱗滝である。中途半端な鍛錬では鬼を狩れないため、炭治郎に課される修業はとにかく厳しかった。最後に炭治郎に与えた課題は、自分より大きな岩を斬ることだった。

◉〔柱〕冨岡《とみおか》義勇《ぎゆう》（水柱）

鬼殺隊のなかで最も早く炭治郎と会ったのが義勇である。炭治郎の剣士としての道は、義勇が禰豆子と共に炭治郎を見逃し、鱗滝に預けたことから始まる。鬼化した人間を斬らないという行為は、鬼殺隊の重大な隊律違反だった。

⊙〔継子〕栗花落《つゆり》カナヲ

胡蝶しのぶの継子。炭治郎の最終選別時の同期で、炭治郎たちをしのぐ身体能力と観察眼を持つ。自分の意志で行動することができなかったカナヲだったが、炭治郎によって大きく変わる。

⊙〔隊士〕不死川《しなずがわ》玄弥《げんや》

炭治郎の最終選別時の同期で、風柱・不死川実弥の弟でもある。炭治郎たちに強烈なライバル心を持っていた玄弥だが、炭治郎と共に戦うことで心を開いていく。

◉〔柱〕**煉獄杏寿郎《れんごくきょうじゅろう》（炎柱）**

上弦の参との戦いのなかで、炭治郎たちに鬼殺隊の柱としての矜持とは何かを伝え散っていった杏寿郎。最後に残した言葉は「俺は信じる　君たちを信じる　心を燃やせ」。その思いは、後に杏寿郎の弟から渡された杏寿郎の日輪刀の鍔とともに炭治郎に託される。

◉〔柱〕**胡蝶《こちょう》しのぶ（蟲柱）**

柱のなかで唯一、鬼の頸を斬れないしのぶは、毒を使って鬼を倒す剣士である。禰豆子と初めて会ったときは義勇と同じように狩ろうとしたが、裁判を経てからは2人を応援する立場をとる。そして炭治郎に、亡き姉から継いだ自分の夢を託す。

◉〔柱〕**甘露寺蜜璃《かんろじみつり》（恋柱）**

見た目に反して人並外れた筋力を持つ。ほかの柱と異なり、最初から炭治郎と禰豆子に親しみを持って接し、上弦の鬼と対峙したときは協力して鬼の頸をはねる。

◉〔柱〕**時透無一郎《ときとうむいちろう》（霞柱）**

修業2カ月で柱になった天才剣士。剣士になる前に鬼に襲われ、そのときから記憶力に問題が生じる。炭治郎が記憶回復の手助けとなった。

◎〔当主〕産屋敷耀哉《うぶやしきかがや》（お館様《やかたさま》）

鬼殺隊の97代目当主。剣士としてのすぐれた能力を持つわけではないが、慈悲に満ちた心で鬼殺隊のリーダーシップをとる。残りわずかな自分の命と引き換えにして、炭治郎をはじめとする鬼殺隊と鬼舞辻との最終決戦に持ち込む。

▽〔鬼の始祖〕鬼舞辻無惨《きぶつじむざん》

１０００年以上も前に最初に鬼になったといわれる鬼舞辻。すべての鬼は鬼舞辻から血を分け与えられ、鬼は鬼舞辻から多くの血をもらうためにできるだけ多くの人間を喰らう。鬼舞辻は組織を力で支配し、その目的は自分が日の光を克服する鬼になることである。

▼〔十二鬼月〕上弦《じょうげん》の鬼

鬼舞辻直属の配下「十二鬼月」の上位メンバー壱～陸。鬼殺隊の柱でもかんたんには倒せない実力を持ち、１００年近くその顔ぶれが変わることはなかった。

▼〔十二鬼月〕下弦《かげん》の鬼

「十二鬼月」の下位メンバー壱～陸。伍・累が炭治郎と義勇に討たれたことで鬼舞辻の制裁を受けた下弦の鬼は、その後、壱・魘夢が炭治郎たちに倒されて消滅する。

目次

第1章

強い自分づくりに欠かせない、たったひとつの心がけ

第2章

折れない心のつくり方

第3章

強い人がやっている自分を強くする習慣

第4章

仲間をひきつける「強さ」の秘けつ

～炭治郎の優しさは真の強さの表われ～

第5章

人間の弱さを鬼に学ぶ

☆本文中の巻数、話数等が明記されたセリフは、ジャンプ・コミックス『鬼滅の刃』（吾峠呼世晴／集英社）から引用したものです。

第１章
強い自分づくりに欠かせない、たったひとつの心がけ

～「積み重ね」が1人の炭売りの少年を変えた～

炭治郎を変えたあのときの覚悟

私たちに強い自分のつくり方を教えてくれる中心人物は、『鬼滅の刃』の主人公である竈門炭治郎です。

彼は、ある日まで、ふつうの男の子でした。お母さんからは信頼され、妹や弟たちからは頼りにされ、炭を売るためにふもとに下りれば町の誰からも親しみを持って声をかけられる、家族思いの優しい子。そんな子が、ある日を境に、鬼の頸《くび》をはねる技と心を持った剣士に成長していくことになります。

私たちが炭治郎に強い自分のつくり方を学べるのは、刀さえまともに振ったことがない炭売りの子が、技術だけでなく、タフな心も必要な剣士になっていく成長過程を見ることができるからです。

炭治郎は、小さいころから剣士のエリートとして育てられてきたわけではありません。その道のりは順風満帆《じゅんぷうまんぱん》とはいきませんでした。だからこそ私たちには学べることがたくさんあるのです。

どんなに頑張っても、効率良く動いても、すべてが自分の思い通りにいくとは限りません。失敗することもあれば、努力が報われないこともあります。あるいは目標が大きすぎて、途中で弱音を吐いたり、あきらめたりすることもあるでしょう。

壁にぶつかったとき、どうやって乗り越えればいいのでしょうか？

その判断によっては、人生が大きく変わってくることもあります。自分の殻を打ち破るには、未知なる領域に足を踏み入れることが必要なときもあります。

そうした困難を克服して、強い自分になるにはどうしたらいいのでしょうか？

炭治郎が前を向き続けることができたのは、くじけそうになる心を支える、ある思いがあったからでした。

『鬼滅の刃』における、炭治郎のたったひとつの目的は、鬼になってしまった妹の禰豆子を助けること、守ること、人間に戻すことです。それは、物語がスタートしたときから、まったく変わりません。

鬼に襲われた家族のなかで、1人だけまだ息のあった禰豆子を医者に診せようと、背中におぶって山を駆け降りる炭治郎。そうしているうちに、鬼化が進んだ禰豆子に、炭治郎自身が襲われそうになります。

それでも炭治郎は、「禰豆子は人間だ」と自分に言い聞かせ、反撃しません。そんな炭治郎の姿を見て、禰豆子はボロボロと泣き出します。

するとそこへ、鬼殺隊の冨岡義勇がやって来て、禰豆子を殺そうとします。鬼を狩るのが彼らの役目だからです。

必死に禰豆子をかばおうとする炭治郎ですが、義勇は聞く耳を持ちません。「一度鬼になったら人間には戻らない」と、禰豆子も殺すと突っぱねます。

義勇には勝てないと判断した炭治郎は、土下座をし、妹を助けてくれ、殺さないでくれと懇願《こんがん》します。

そして、その姿を見た義勇が一喝。強烈なひと言を炭治郎に放ちます。


「生殺与奪《せいさつよだつ》の権を他人に握らせるな!!」

「奪うか奪われるかの時に主導権を握れない弱者が妹を治す? 仇《かたき》を見つける? 笑《しょう》止千万《しせんばん》!!」

(1巻 第1話「残酷」より)


もしもここで炭治郎が引き下がったり、あきらめたりしていたら、禰豆子は殺されていたかもしれません。

しかし炭治郎は、この言葉を聞いてはっと我に返り、義勇に立ち向かっていきます。力の差がまざまざとあるためにあっさり気絶させられますが、自分の命と引き換えに相手も道連れにすることを狙って、義勇目がけて斧を投げます。

命がけで妹を守ろうとする兄の必死な姿と、倒れ込む兄を全力で守ろうとする妹の姿に、これまでの人間と鬼の関係性とは違うなにかを感じた義勇は、禰豆子を生かすと同時に、炭治郎を自分の剣の師匠である鱗滝左近次に紹介する道を選んだのです。

炭治郎は、今のままでは妹を守れないという現実を思い知らされ、人間に戻す方法を鬼から聞き出すために、鬼を斬《き》る側の人間になる覚悟を決めました。

炭を売っていた少年が鬼を斬る。

義勇との実力差を知れば、その目標がとてつもなく高いものであることはわかります。それでも、その**目標に対する思いが強ければ、人間は前を向いていけるものです。**

そして、その思いが目標を達成する可能性を高めてくれることもあります。

これを、「達成動機《たっせいどうき》」といい、失敗を恐れずに目標に向かって挑戦し続ける強い気持ちの原動力になります。

壁に跳ね返されたとしても、何度でもあきらめずにチャレンジする。

今のままでダメだと思ったら、新しいやり方を考える。

大きな目的や夢をかなえるには、この姿勢が必要不可欠になってくるのです。

人は積み重ねることで、心も体もどんどん強くなる

目標に対する強い思い、覚悟があったとしても、いきなりゴールにたどり着けるわけではありません。**目標が大きければ大きいほど、その道のりは長く険しいものになります**。

鬼を斬る剣士になると決めた炭治郎にも、当然大きな試練が待ち構えていました。

炭治郎は義勇から紹介された鱗滝に、すぐに弟子入りすることは認められませんでした。心身ともに剣士になる素質があるか否かを試すために、至るところに罠《わな》がしかけられた山を、朝までに下山するように言い渡されます。

炭治郎は、上下左右から予告なく飛びかかってくる石や丸太にぶつかり、落とし穴にはまり、起き上がっては転び、全身傷だらけになりながらもなんとかクリア。晴れ

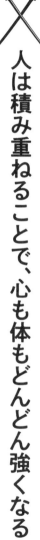

て弟子入りを認められますが、それは地獄の鍛錬のスタートにすぎませんでした。

毎日毎日、山下りを繰り返し、何度も何度も罠にかかります。罠の難易度は日を追うごとに上がっていき、石や丸太が鋭い刀や包丁に変わっていきました。

腕がもげそうになるほど刀の素振りをさせられ、鱗滝との一対一の稽古《けいこ》では転がされ、跳ね飛ばされ、刀を折ったらお前の骨を折ると脅されます。

怖い思い、痛い思いを重ね、何度も死ぬかもしれないと思った炭治郎ですが、くじけそうになるたびに禰豆子のことを思い出し、厳しい修行に耐え続けました。

そして最後の課題とされた、自分の体よりも大きな岩を斬ることに成功し、〝最終選別〟と呼ばれる鬼殺隊への入隊試験を受けることを、鱗滝に認めてもらったのです。

最終選別の合格条件は、鬼がいる山にこもり、7日間生き抜くこと。

炭治郎をはじめとする鬼殺隊の候補生たちは、いきなり鬼たちとの生死をかけた戦いを強いられました。

そんな炭治郎に、最終選別が始まるやいなや、いきなり2人の鬼が襲いかかってきます。一瞬焦《あせ》る炭治郎ですが、冷静にこれに対峙し、鱗滝から伝授された剣技を繰《く》り出して応戦。見事に一太刀で2人の鬼の頸をはねることに成功するのです。

その瞬間、炭治郎は涙をにじませながら心の中でつぶやきます。

「斬れた 鬼に勝てた 強くなってる…… 鍛練は無駄じゃなかった ちゃんと身についた」

（1巻 第6話「山ほどの手が」より）

人間は、苦しいことに耐え、我慢を重ねて鍛錬すると、確実に成長します。心身ともに鍛えられ、技術が向上し、精神力が強くなります。

そして、それまでできなかったことが、知らず知らずのうちにできるようになっていることがあります。

努力をしているときは自分の成長になかなか気づけないものの、なにかをきっかけにそれを実感させられる、というのはよくあること。2人の鬼を倒した瞬間の炭治郎がまさにそれでした。

努力を積み重ねた先にあるひとつの成功体験が、「自分はできる」という有能感《ゆうのうかん》を高めてくれるのです。

初めてバットを持った人が、初打席でホームランを打つことはできません。
初めてピアノに触れた人が、最初からモーツァルトを弾くことはできません。
初めて絵筆を握った人が、いきなりピカソのような絵を描くことはできません。

一流と呼ばれる人も、最初はみんな素人《しろうと》です。
どんなに好きなことであったとしても、一流にたどり着くまでは楽しいことばかりではありません。どこかでやめたくなる瞬間、逃げ出したくなる瞬間は訪れるものです。

それでも苦しいことに耐え、我慢を重ねて鍛錬を続けると技術が磨かれていく。同時に、ひとつのことに没頭し、継続することで、強い心も身についていく。

そうやって、最初はできなかったことが、できるようになっていくものなのです。

先の炭治郎の言葉は、積み重ねることが目標を達成するためにいかに重要であるかを、如実《にょじつ》に物語っています。

みなさんも、仕事、部活動、趣味などで一生懸命に取り組んでいること、好きで仕方のないことはなにかしらあると思います。もちろん、好きだから続けているわけでしょうが、なかなか上達しないと悩んだり、好きだけれどつらいことからは逃れたいと思ったりしている人もいるかもしれません。

でも、忘れてならないのは、その**困難や我慢の先には、確かな成長がある**ということです。**自ら実感できなくても、鍛錬を積み重ねていくと、体と心はいつの間にか強くなっている**ものなのです。

積み重ねた先に見えてくる「隙の糸」とは？

積み重ねることで得られるものは、磨かれた技術と強くなった心だけではありません。その経験があったからこそわかるようになる「特別な感覚」も身につきます。

たとえば南米のアマゾンに住む先住民族には、私たちの常識では考えられない、人間離れした感覚を持っている人たちがいます。

静まり返ったジャングルの中で目を閉じ、耳をすまし、獲物のいる方向を的確に言い当てたり、川の水面の様子や風の吹き具合から雨が降ることを予言したり……。

これらの感覚は、一朝一夕に習得できる能力ではありません。

積み重ねた経験から身についた、その人たちにしかわからない、まさに「特別な感覚」です。

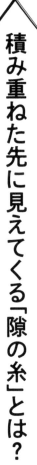

鱗滝から与えられた最終課題の大きな岩。これを斬ることに成功したとき、炭治郎はその要因について、心の中で次のように分析しています。

「俺が勝った理由　〝隙《すき》の糸〟の匂いがわかるようになったからだ」
（1巻　第6話「山ほどの手が」より）

この〝隙の糸〟とは、相手の急所や弱点を意味する炭治郎ならではの表現で、実際には存在しない糸が見えるという独特の感覚のことを指します。鬼殺隊に入隊し、さまざまな鬼と戦うときも何度となく「隙の糸が見えた」という心の声が『鬼滅の刃』の作品内で描かれてきました。

この隙の糸こそが、経験を積んだからこそ得られる感覚。

いわば、炭治郎だけにある直観力です。

心理学において人間の知能を説明するとき、「結晶性知能《けっしょうせいちのう》」と「流動性知能《りゅうどうせいちのう》」の2

つを示すことがあり、隙の糸のような感覚は結晶性知能と言えるでしょう。

説明できないけれども出てくる答え。

経験を積み重ねることで生まれてくる知恵。

俗にいう、おばあちゃんの知恵袋。

このように、問題を解決するためにこれまでの知識を応用させるものが結晶性知能で、学校での勉強やさまざまな経験、文化の影響を強く受けます。

この知能は年齢を重ねることで増えるといわれ、いくつになっても維持することが可能だといわれています。


一方の流動性知能とは、新しい環境や場面にすばやく適応していくことのできる知能で、情報を処理する力、計算する力、暗記する力などがこれに含まれます。この知能は年齢とともに衰えるといわれ、若者のほうが優れているとされます。

作中で描かれている炭治郎は十代後半にも満たない若者ですが、厳しい鍛錬によって隙の糸という結晶性知能を向上させることができました。そして、この能力が、強力な鬼たちを次々に撃破していく大きな武器になります。

炭治郎にとって禰豆子を人間に戻すことが最大の目的であり、鬼舞辻という〝ラスボス〟にたどり着くためには、降りかかってくるさまざまな問題（鬼）を解決していく（倒す）必要があります。

隙の糸は、その名の通り問題解決の糸口。

義勇や鱗滝に会うまでは持ち合わせていなかった感覚です。

この隙の糸をめぐる一連のエピソードから得られる教訓は、**忍耐、我慢、努力は決して無駄にならず、乗り越えた者にしかわからない「特別な感覚」、問題を解決する能力を身につけられる**ということです。

たくさんの学びと経験などから発達していく結晶性知能は、高めれば高めるほど失敗は減り、ものごとがうまく運ぶようになります。強い自分をつくる大きな武器になるのです。

たったひとつの成功体験から生まれる自己効力感

みなさんは、「自《じ》己《こ》効《こう》力《りょく》感《かん》」という言葉を聞いたことがありますか？　これは、自分の能力を信じることができる感覚を意味する心理学用語で、『鬼滅の刃』には、登場人物たちが成功体験を積むことにより、自己効力感を高めていくシーンがたくさん出てきます。

自己効力感が高まると、達成した喜びや満足感を得ることができ、次はどういった行動をとろうかとか、どんな努力をしようかといった選択に良い影響を与えるようになり、相乗効果で自分の能力をどんどん高めていくことができます。

達成したことが大きいほど自己効力感の高まりも増しますが、小さくても「成功した」という体験はとても大切です。そして、親や先生、上司などから認められたり、褒められたりすることも、自己効力感を高めてくれます。

炭治郎の場合は、鱗滝のもとでの修行でさんざん苦労を重ね、亡霊《ぼうれい》である鱗滝の元弟子の錆兎《さびと》と真菰《まこも》の協力を得て、絶対に斬れないと思っていた岩を斬ることができたのが、最初の大きな成功体験だったといえるでしょう。この出来事によって、炭治郎の自己効力感は大幅に上がったと思います。

そして、これをさらに後押ししたのが、師匠・鱗滝の言葉です。

真っ二つに割れた岩のそばで、自らが成し遂げたことになかば驚いて茫然《ぼうぜん》と立ち尽くす炭治郎の頭をなで、鱗滝はこうねぎらうのです。

「よく頑張った　炭治郎　お前は　凄《すご》い子だ……」
（1巻　第6話「山ほどの手が」より）

このシーン、自分に置き換えて想像するだけで涙が出そうになりますよね。本当は炭治郎を最終選別へ行かせたくなかった鱗滝の気持ちを考えると、なおさらです。

超がいくつもつくほど厳しく、そして怖い師匠、立ち向かっても歯が立たなかった師匠に、こんな優しい言葉をかけられた炭治郎の心は、安堵と歓喜の感情が混ざり合い、良い意味でぐちゃぐちゃになっていたことでしょう。

自分にできたという自信。

信頼し、尊敬する人から褒められたことに対する喜び。

炭治郎の自己効力感が飛躍的に高まった瞬間であり、1人の剣士としてひと皮むけたターニングポイントだったと考えられます。

その後炭治郎は、いくつもの成功体験を積み重ね、人間としても、剣士としても、どんどん強くなっていきます。

成功を自覚することも、自己効力感を高めるポイントのひとつです。

なにかを成し遂げたとしても、「できた」という自覚がなければ、自己効力感は高まりません。

小さいことの積み重ねの例でわかりやすいのは、学校の宿題です。先生から、期日を決められて宿題を出されると、たいてい、期日に間に合うように、提出することでしょう。

大事なのは、このときの意識です。

Aくん：宿題だからしなくちゃいけない。期日までに提出しなくてはいけないから、出した。
Bさん：今回も期日を守って提出することができた。自分はそれを継続できている。

仮にこの2人の学力が同じで、宿題の量も種類もむずかしさもまったく同じだったとしましょう。最初は両者に差はありません。

しかし、一定期間が経過すると、2人の学力には差が生じ始めることがあります。

では、どちらのほうが伸びるでしょうか？

答えはBさんです。

Bさんは、一つひとつの課題をクリアするたびに、「できた」「できる」と成功を自覚しています。これによって、自覚がないAくんよりも自己効力感が高まり、それに連動するかたちで勉強にも好影響が及ぼされるのです。

先生や両親から褒めてもらう機会があれば、Bさんの学力はさらに上がっていくことでしょう。

鬼を倒したとき、あるいは誰かに認められたとき、その都度「できた」「できる」と自覚できる炭治郎は、これ以上ない模範的な存在です。

どんなに小さなことでも、なにかを成し遂げたとき、「勝手にそうなった」「できて当たり前」と考えるのではなく、炭治郎を見習って、「自分でやった」「できて良かった」と強く意識するようにしましょう。

意識しないよりも、はるかに成長することができます。

積み重ねるたびに、強くなるための新しい課題が生まれる

人は努力を積み重ねることでどんどん強くなれますが、目標が高ければ高いほど、簡単にはたどり着けません。

炭治郎も、最終目標の鬼舞辻には簡単にたどり着けませんでした。

その道のりには、強くなるたびに大きな壁が目の前に立ちはだかるからです。

最初に倒したザコ鬼。その次に現れた大型の異形《いぎょう》の鬼。〝血気術《けっきじゅつ》〟という特殊な術を使う異能の鬼。さらに鬼舞辻にその血を直接分けてもらうことのできる上級の鬼。

という具合に、乗り越えなければならない壁は、どんどん高くなります。

鬼舞辻にたどり着くには、まだまだ道のりがあります。

上級の鬼を倒すと今度は、十二鬼月《きづき》と呼ばれる、12人の精鋭《せいえい》からなる鬼舞辻直属の

側近部隊が立ちふさがります。

しかも、十二鬼月は一軍にあたる上弦《じょうげん》の6人と、二軍にあたる下弦《かげん》の6人で構成されており、さらにそれぞれ6段階にランク分けされているのです。

まずは元十二鬼月のハイレベルな鬼が現れ、続いて下弦の鬼、さらには上弦の鬼というように、炭治郎のそれ以上の成長を拒《こば》もうとするかのごとく、次から次へとワンランク上の鬼が送り込まれてきます。

鬼は頸をはねれば死ぬはずなのに、なかには頸を斬っただけでは死なない鬼まで登場します。まるでロールプレイングゲーム。レベルが上がるごとに、新たなエリアに進むたびに、敵を倒すことが難しくなっていくのです。

それでも、前を向き続けるのが炭治郎とその仲間たち。どんなに苦戦しても、なかなか攻略の糸口を見つけられなくても、決してあきらめません。相手がどんどん強くなっていくことを認めつつ、不利な状況を打開するために、自らを奮い立たせます。

「強くなったと思っても　鬼はまたさらに強く　生身の体は傷を負いボロボロになり
でもその度に誰かが助けてくれる　命を繋いでくれる　俺は応えなければ」
（13巻　第113話「赫刀《かくとう》」より）

鬼舞辻から上弦の肆《し》の階級（上から4番目のランク）を与えられている半天狗との戦いの最中、炭治郎は自分にこう言い聞かせながら、追い詰めても追い詰めても倒すことのできない敵に向かっていきます。

目の前にある、逃れることのできない現実を、自分を強くしてくれる新たな課題として受け入れることができなければ、そこで立ち止まってしまったことでしょう。炭治郎は、そのことがわかっているから挑んでいけるのです。

実は、この展開は、私たちのライフステージに非常によく似ています。

小学生、中学生くらいまでは、他人との競争（戦い）こそあるものの、いたって平和。炭治郎でいうと、家族と暮らしていたときがそんな感じでしょう。

しかし、高校受験に向けての勉強（鱗滝のもとでの修行）が始まるころから、人生があわただしくなります。

高校に入ったら（最終選別に合格したら）、一気に勉強の難易度が上がり（戦う鬼が強くなり）、あっという間に次の進路（強い鬼対策）を考えなければならない時期が訪れます。


進学するにしろ就職するにしろ、次のステージに進めば、また新たな課題が待ち受けています。

大学に入ったら、単位を取得するためのテスト、卒業するための論文。

就職したら、仕事を覚えるための研修、資格取得試験、昇進試験、後輩の指導。

ステージが進むと親や先生、友達だけでなく、付き合う人たちも爆発的に増えていきます。そういう人たちと、うまくコミュニケーションを図ることも求められます。

生きていくためには、強い自分をつくるためには、クリアしていかねばならないこ

とだらけ。当然、失敗することや挫折《ざせつ》することは誰にでもあるでしょう。心底落ち込んでしまうこともあると思います。

大事なのは、つまずいたときにそれをどうとらえるかです。

「合理情動療法《ごうりじょうどうりょうほう》」という心理療法では、悩みや苦しみの深さは、つまずいた出来事そのものではなく、その出来事をどう受け取るかに左右されると示しています。ピンチをそのままピンチと受け取るか、ピンチをチャンスと受け取るかで、その後の行動は大きく変わってくるということです。

人生山あり谷ありというのは当たり前。

必要以上に引きずってはいけません。気持ちや受け止め方を切り替えて前を向けば、着実に先に進むことができます。

課題をひとつクリアしたら、必ず新たな課題が出てくる。

簡単に解決できる課題などひとつもない。

三歩進んで二歩下がる。結果的に一歩進んでいれば上に行ける。

人生とはそういうもの。「壁にぶつかったときこそポジティブシンキング」という炭治郎イズムは、強い自分になるために欠かせない要素といっていいでしょう。

積み重ねることで自分独自の型が生まれる

『鬼滅の刃』における主役級の登場人物は、剣士としての素質にあふれたキャラクターばかりです。炭治郎の同期しかり、「柱」と呼ばれる鬼殺隊の精鋭部隊しかり。体力、運動神経、判断力、忍耐力など、持って生まれた才能のみならず、みな努力する才能も持ち合わせています。

最初は誰もが（炭治郎の同期ですべてが我流の嘴平伊之助《はしびらいのすけ》という例外中の例外を除き）、師匠から教わった通りの剣の技術、戦術を駆使して鬼と戦います。しかし、日々の修行や戦いを重ねていくなかで、オリジナルの技や独自のスタイルを確立させていく人物も少なくありません。

基本に忠実でありながらも、相手や状況に合わせてアレンジしていく。身につけた能力を、創意工夫によってもう一段レベルアップする。

できる人はみんな、これを実現しています。

炭治郎は、初めて十二鬼月と相対したとき、大苦戦を強いられます。下弦の伍にランクされる累《るい》という鬼に果敢《かかん》に挑むも、なすすべがありません。鱗滝から伝授された「水の呼吸」という呼吸法をもとに繰り出す型（技）は、ことごとく跳ね返されてしまいます。

死を感じたとき、走馬灯の中で、竈門家に代々伝わる〝ヒノカミ神楽《かぐら》〟を踊る亡き父の姿を思い出し、父親から教わったヒノカミ神楽独自の呼吸法を活用した技で累に斬りかかります。すると、それまで見えなかった累の隙の糸が見えるようになり、形勢が逆転するのです。

もちろん、ヒノカミ神楽を用いた戦い方は、鱗滝に教わったものではありません。

炭治郎がほぼ無意識のうちに、独自に発見したものです。

炭治郎の同期の我妻善逸《あがつまぜんいつ》も成長していくなかで、自分だけの型を開発します。

善逸は、ふだんは臆病で小心者、いうならば究極の〝ヘタレ〟タイプながら、恐怖におびえて気絶するかのように眠ると、スーパー剣士に変貌《へんぼう》を遂げるという、一風変わったキャラクター。師匠から「雷の呼吸」を伝授されるも、6つある型のうち唯一「壱の型」しかマスターできませんでした。

しかし善逸は、同門の兄弟子でありながら鬼になってしまった獪岳《かいがく》と死闘を演じたとき、同じ「雷の呼吸」の使い手である獪岳も知らない7番目の型「漆《しち》ノ型　火《ほの》雷　神《いかづちのかみ》」を炸裂《さくれつ》させ、見事に頸をはねることに成功します。

そして、師匠がえこひいきをして善逸だけにその技を教えたと勘違いする、死ぬ間際の獪岳に対し、善逸はこうつぶやくのです。

「これは俺の型だよ　俺が考えた俺だけの型」

（17巻　第145話「幸せの箱」より）

私たちは、炭治郎や善逸のように特殊な才能を持っているわけではありません。

でも、ひとつのことに徹底して取り組むことによって、自分なりの型を見つけることはできます。

コツをつかむ。

効率の良い方法を見つける。

自分がやりやすいように工夫する。

そう考えるとわかりやすいでしょうか。

茶道・華道・書道（もしくは香道《こうどう》）の「三道」といわれる日本の伝統芸能、あるいは武道などに通じる「守破離《しゅはり》」という考え方があります。

これは、茶道千家流の始祖である千利休《せんのりきゅう》の「規矩作法《きくさほう》 守り尽くして破るとも離るるとても本を忘るな」という教えから広まったものといわれ、基本をベースにしながらひとつのことに真剣に向き合えば向き合うほど上達し、その経験から独自の個性が生まれるというものです。

勉強に関しても、同じことがいえます。

最初は、両親や学校の先生から、読み書きの仕方、ノートのとり方、問題の解き方などを教わりますが、学年が上がり、学ぶ教科や範囲が広がり、難易度が上がっていくにしたがい、自分に合った勉強法を考えるようになります。

とくに受験勉強は、ただがむしゃらに机に向かうだけでは集中力が続かなくなるので、勉強する教科の順番、勉強する環境（自宅、塾の自習室、図書館など）、休憩時間のはさみ方などに、おのずと気を配るようになるでしょう。

仕事にしてもそうです。上司から教わったことを基本にしながらも、自分なりに工夫しなければ、早い出世は望めないでしょうし、責任ある大きな仕事を任せてもらえないという状況に陥《おちい》りかねません。

基本をたたき込んだら、まずトライしてみる。そして、失敗したらその原因を考え、

改善し、またトライしてみる。そうやって試行錯誤を繰り返していくうちに、自分の型ができあがっていくものなのです。

下弦↓上弦↓鬼舞辻無惨。目標達成に近道はない

これまで述べてきたように、大きな目標を持つこと、なにごとにも真剣に取り組むこと、壁にぶつかってもあきらめないこと、つらくても耐えて我慢することは、どれも重要で、強い自分をつくるためには欠かせない要素です。

しかし、**ものごとには順番があります。いきなり頂上へ到達できるわけではありません**。身の丈に合っていないこと、あまりに分不相応なことにいきなりトライすると、大きな挫折感を味わうこともあるし、それが原因で目標そのものをあきらめることもあります。**強い自分になるには近道はない**のです。

炭治郎は小さいことの積み重ねを大事にするタイプですが、向上心が強く、熱血漢

でもあるので、時に自分を見失うこともあります。早く禰豆子を人間に戻したいという思いが先行して、突っ走ってしまうこともしばしば。

炭治郎は、十二鬼月の下弦の伍・累を倒したあと、鬼化した禰豆子を殺さずに連れて歩いていることが隊律違反に当たるとされ、鬼殺隊の本部に連行されます。

そして鬼殺隊の「柱」が集結して半年に一度開かれる〝柱合会議《ちゅうごうかいぎ》〟の場で、裁判にかけられることになったのですが、炭治郎は禰豆子を傷つけようとする「風柱《かぜばしら》」の不死川実弥《しなずがわさねみ》に食ってかかります。相手が自分よりはるかに実力が上の柱でもお構いなしです。


するとそこに、鬼殺隊の当主を務める「お館様《やかたさま》」こと産屋敷耀哉《うぶやしきかがや》が現れます。

お館様は鱗滝や義勇からすでに事情を聞いていて、禰豆子の存在を認めており、柱たちを説得しようとしますが、すべての鬼が敵であり、見つけ次第殺すことが唯一無二の正義であるとたたき込まれてきた柱たちは、簡単に受け入れてはくれません。

逆にお館様の考えを改めさせようと、禰豆子をさかんに挑発し、襲いかかるように仕向けます。禰豆子はぐっと我慢し、人間を襲わないことが証明できましたが、それでも快く思わない柱はいます。

その様子を見て、お館様は炭治郎に、炭治郎と禰豆子が鬼殺隊として戦えること、役に立てることを、十二鬼月を倒すことで証明しなさいと言います。

この言葉に炭治郎の思いが爆発します。

「俺と禰豆子は鬼舞辻無惨を倒します!!　俺と禰豆子が必ず!!」

（6巻　第47話「プイ」より）

お館様が十二鬼月を倒すようにと言っているにもかかわらず、興奮した炭治郎は、鬼殺隊の最終ターゲットである鬼舞辻の名前をいきなり口にしたのです。

いうならば、高校球児がメジャーリーガーに真っ向勝負を挑むようなもの。

この、あまりに無謀な宣言に対し、お館様はさらりとたしなめます。

「今の炭治郎にはできないから　まず十二鬼月を一人倒そうね」
（6巻　第47話「プイ」より）

顔を真っ赤にして「はい」と言うしかない炭治郎。柱たちは笑い出しそうになるのを必死にこらえます。

身のほど知らずという言葉がこれ以上ないというくらい見事に当てはまることを、自他ともに認めたシーンでした。

大きな目標を持つことはいいことですが、**今の自分にそれはできない、そこまで実力が届いていないということを自覚（現状把握）したうえで、目の前の小さな目標から達成していかないと、大きな目標を達成することはままなりません**。

地道にやることがいちばんの近道なのです。

人と人の絆は積み重ねることで深くなる

本章ではこれまで、さまざまな経験を積み重ねることによって、強くなるために必要な技術、精神力、判断力、感性などが磨かれることについて話してきました。

しかし、積み重ねることで向上するもの、深みを増すものはこれにとどまりません。

他人との人間関係についても同じことがいえます。

日本には「絆」というすてきな言葉がありますが、それが強くなるイメージです。


人間関係の深さや強さを表す絆には、2つの種類があると個人的には考えています。

ひとつは家族との絆。もうひとつは家族以外の人との絆です。

いずれも大切な絆で、深ければ深いほど人生は豊かになると思いますが、深め方、育《はぐく》み方には大きな違いがあります。

「言うはずが無いだろう　そんなことを　俺の家族が!!　俺の家族を　侮辱するなァアァァアアア!!!」

（7巻　第59話「侮辱」より）

これは炭治郎が、相手を意のままに眠らせて夢を見させることのできる血気術を使う、下弦の壱の魘夢《えんむ》との戦いのときに、家族が炭治郎に叱責《しっせき》と侮蔑《ぶべつ》の言葉を浴びせる悪夢を見せられ、怒りが頂点を超えて叫んだセリフです。

炭治郎といえば家族愛。そんな彼の思いや生き方がこの言葉には凝縮されています。原作をご覧になられている方はご存じの通り、竈門家は全員がとても仲良し。絵に描いたような理想的な家族です。

家族間の絆は、生まれたときにすでに存在するものであり、自分1人の意思で簡単に断ち切ることはできません。最近は、愛し合ったり支え合ったりできない家族が増えてきていることが気になりますが、それでも人生のあらゆる局面でかかわり合いを持つことになります。

そこにいて当たり前、今さら気恥ずかしいという意識がどうしても生じるため、朝起きて目が合ったら「おはよう」、なにかを手伝ってくれたら「ありがとう」という、基本中の基本の言葉が出てこない人もいます。でも、その殻を破ってみてください。

竈門家とまったく同じようにはいかなくても、家族全体が、そしてみなさんの心が、今よりもずっとあたたかく幸せな気持ちに満ちあふれるでしょう。


これに対し、他人との絆というものは、最初はありません。同じ時間を何度も共有し、会話を交わし、関係を深めていかない限り生まれないものです。


「姉さんに言われた通り仲間を大切にしていたら　助けてくれたよ　一人じゃ無理だったけど　仲間が来てくれた」

（19巻　第163話「心あふれる」より）

圧倒的な劣勢を跳ね返し、伊之助と力を合わせた死闘の果て、上弦の弐の童磨《どうま》を倒した直後に、炭治郎の同期の女剣士・栗花落《つゆり》カナヲは、人買いから自分を救ってくれた恩人であり、剣の師匠でもあり、姉のように慕っていた胡蝶《こちょう》カナエ・しのぶ姉妹に対してこんな思いをめぐらせます。

とりわけしのぶは、この鬼を倒すために直前で自らが犠牲《ぎせい》になっており、命をかけて力を合わせて戦うことの重みを教えてくれたばかりであったことから、カナヲのなかでその存在はさらに大きなものになっていました。

『鬼滅の刃』は、仲間との友情や信頼、すなわち絆というものがなければ、絶対に乗り越えることのできない壁があるということを教えてくれます。

人間は1人では生きていけません。必ず家族以外の人とかかわりを持つシーンが訪れます。学校や会社がその際たる例で、合う合わない、好き嫌いに関係なく、誰かと一緒に行動することが求められます。

もちろん、どんな人ともうまくいくとは限らないでしょう。むしろ、うまくいかないことのほうが多いかもしれません。だから、いじめが起こったり、陰《かげ》で互いのグチや悪口を言い合ったりすることが、残念ですが、なくならないのです。

しかし、嫌なことから逃げてばかりで幸せになれるでしょうか？

自分が思うような人間関係ではないからという理由で、その場から立ち去ったり、会社を辞めたりする人は、次の場所でも同じような問題を抱え、なかなかひとつのところに定着できないものです。このような状態を青い鳥症候群といいます。

合わない人や嫌いな人と、無理やり仲良くしたほうがいいとまではいいません。でも、我慢のリミッターや怒りの沸点《ふってん》を、今よりもほんの少し上げることはできるはず。

そうすることによって、関係がよくなったり、それまで見えなかった相手のいいところが見えてきたりするケースがあると思います。

これを心理学では、「欲求《よっきゅう》不満《ふまん》耐性《たいせい》」を高めるといいます。

家族のほかに自分の味方になってくれる人は、1人でも多いに越したことはありません。いざというとき、困ったときに、きっと助けてくれます。

積み重ねることで人間関係を深めるときも、失敗はつきものです。すべての人と気が合うことはないと割り切ったうえで、面倒くさがらず、怖がらず、傷つくことを恐れず、自ら積極的に接点を持つようにはたらきかけてみてください。その積み重ねが、自分を変える、相手が変わるきっかけになるはずです。

第2章
折れない心のつくり方
～炭治郎はなぜあきらめないのか～

脆弱な覚悟では何も得られない

第1章の最初に述べたように、達成したい目標がとてつもなく大きくても、それに対する思いが強ければ人は前を向いていけるものです。炭治郎が鬼殺隊に入り、次々と鬼を倒していける剣士になれたのは、禰豆子を人間に戻すという強い思いがあったからです。

しかし、鬼を斬ると決意するまでの炭治郎の覚悟は、それほど強いものではありませんでした。そのことを、真っ先に見抜いたのは義勇です。まだまだ覚悟が足りないと判断した義勇は、心の中で炭治郎の行く末をこう分析します。

「脆弱《ぜいじゃく》な覚悟では　妹を守ることも治すことも　家族の仇を討つこともできない」

（1巻　第1話「残酷」より）

そして、炭治郎をあえてけしかけるかのように、禰豆子の胸を刀でひと突き。この行為が、炭治郎の怒りのスイッチを入れる引き金、ひいては覚悟のステージをひとつ押し上げるきっかけになりました。この覚悟のステージアップは、炭治郎1人では決してできることではなかったでしょう。

それでも、まだ少し強くなっただけ。その程度の覚悟では、禰豆子を人間に戻すことなどできるわけがないと、すぐにある人物に指摘されます。

そう、鱗滝です。

義勇の紹介によって鱗滝のもとを訪れた炭治郎は、初対面でいきなり、もしも妹が人を喰ってしまったらお前はどうするかと尋《たず》ねられます。

即答できない炭治郎。すると、鱗滝にパアンと平手打ちを喰らわされます。答えを出すのが遅かったからです。

そして続けざまに、こうダメ出しをされます。

「今の質問に間髪入れず答えられなかったのは何故《なぜ》か？　お前の覚悟が甘いからだ」

（1巻　第3話「必ず戻る夜明けまでには」より）

なかなか手厳しいひと言です。炭治郎は、自分には強い覚悟があると意識こそしていなかったとしても、禰豆子に対する思いの強さには、絶対的な自信があったはず。それを根底から否定されたわけですから。

すぐさま鱗滝は、茫然《ぼうぜん》とする炭治郎に、質問の答えを教えます。

妹を殺す。

お前は腹を切って死ぬ。

やることはこの2つしかないと告げます。鬼になった妹を連れて行動するのは、それくらいの覚悟が必要であると。これを聞いて、ようやく炭治郎の覚悟は強固なものになります。義勇と鱗滝がいなければ到達できなかった覚悟のステージです。

世の中には、とてつもなく気持ちの強い人、最初から強固な覚悟を持てる人がいま

す。しかし、それはきわめてまれ。

圧倒的多数の人は、甘い覚悟しか持てないものです。

「俺はもう覚悟を決めたぜ。やってやる！」

こんなことを言う人ほど、その覚悟はぺらぺらでもろかったりします。いざ挑戦してみたら思いのほか大変で、目標をあっさりあきらめるパターンに陥りやすいものです。平和で恵まれた生活の中で生きている私たちに、いきなり強固な覚悟を求めるのは酷なのかもしれません。

覚悟というと少々大げさに聞こえるかもしれませんが、「認識」という言葉に置き換えても同じようなことがいえます。

自分ではしっかりわかっているつもりでも、本当のところはわかっていない。自分のことを理解しているようでいて、まったく理解できていない。

親やおじいちゃん、おばあちゃん、学校の先生やスポーツクラブのコーチ、職場の先輩や上司など、目上の人からなにか言われて「うざい」とか「わかってないな」と思いながらも、いざものごとを進めてみると指摘された通りだったということはありませんか？

自分より目上の人たちは、だてに長く人生を経験していません。みなさんに見えないことが、見えているというケースは往々にしてあります。

もちろん、指摘されたことがすべて正しいとは限りませんが、強い自分をつくるヒントが含まれていることは多いものです。うざがったり、ハナから否定したりせずに、ひとまず耳を傾けてみてください。

受け入れてみることで、自分の甘さに気づき、覚悟が決まり、自分を成長させることにつながることもあります。

炭治郎は、義勇や鱗滝の指摘を素直に聞き入れたことで、胸に抱いた覚悟をより強固にすることができました。その覚悟がなければ、鬼と戦う強い炭治郎をつくることはできなかったはずです。

「誰かのために」という思いは人を強くする

ここでひとつ、強引なたとえ話をしてみたいと思います。

もし、禰豆子もろとも竈門家の全員が鬼に惨殺されていたら、炭治郎はここまで強くなることができたでしょうか？

繰り返しますが、これは強引なたとえ話です。禰豆子が最初に死んでしまったら、『鬼滅の刃』という物語が成立しません。

ですが、それを承知のうえであえて想像をめぐらせると、その後、鬼殺隊の剣士として成長する炭治郎の姿はなかったと思います。状況的に、仇討ちに燃えていたかもしれませんが、自分しか残されていないという無力感がどこかで先に立ち、鬼舞辻にたどり着くことはとうていできなかったのではないでしょうか。

鬼化してしまったとはいえ、まだ生きている禰豆子がいるから。

禰豆子のために、人間に戻す方法を突き止めたいと心底思ったから。炭治郎は数々の試練に立ち向かい、乗り越えることができたのです。

このように、**「自分のため」だけでなく、「誰かのため」という思いを持っていると、人間はさらに大きなパワーを発揮する**ことができます。なぜなら、**人は誰かのためになにかを達成したときのほうが、満足感が高くなる**からです。

実際に、アメリカのポジティブ心理学の研究で行われた、自分で選んだ楽しい活動（遊ぶ、映画を観るなど）と慈善活動（高齢者の手伝いや清掃活動など）を比較した実験によると、楽しい活動の満足感は一時的なもので、慈善活動は満足感が長続きするという結果が出たといいます。

これは、長い目で見ると、自分自身の楽しみから得られる満足感より、ほかの人が喜んでくれることで得られる満足感のほうが大きいということです。

人間は誰しも自分がかわいいですから、どうしても自分のことを優先してしまうケースが多くなります。四六時中、他人に気を配ることもできないでしょう。

日本人はとくに他人に対して無関心、それも都会に住む人ほどその傾向が強いといわれています。

それでも、人は誰でも思いやりの心を持っており、他人のために行動を起こすことはできるものです。

他人に気を配ること、他人を助けてあげることを、心理学用語で「援助行動《えんじょこうどう》」や「向社会的行動《こうしゃかいてきこうどう》」というのですが、それができる人は、できない人よりも強い心を持てるようになります。

「誰かのため」という思いを、いつも持っていなさいというわけではありません。忘れないことが大事なのです。**クラスのみんなため、チームの仲間のため、会社のため、そして家族のため。それがめぐりめぐって自分を強くする**ことになるのです。

自分を鼓舞すれば、心の炎が消えることはない

炭治郎を筆頭に、鬼殺隊のメンバーは自分を鼓舞するため、あるいは律するための言葉を、よく口にしたり、心の中で念じたりします。

頑張れ、やれる、できる、怯《ひる》むな、落ち着け、集中しろ、あきらめるな、喰らいつけ、負けるな、という具合です。

「頑張れ　炭治郎　頑張れ!!　俺は今までよくやってきた!!　俺はできる奴だ!!　そして今日も!!　これからも!!　折れていても!!　俺が挫《くじ》けることは絶対に無い!!」
(3巻　第24話「元十二鬼月」より)

これは、元十二鬼月・響凱《きょうがい》との戦いの際に、炭治郎が叫んだ言葉です。強力な敵に立ち向かうべく、全力で己を鼓舞しています。

炭治郎だけではありません。炎柱《えんばしら》として「柱」の一角を担う煉獄杏寿郎《れんごくきょうじゅろう》は、鬼殺隊の元柱であり、剣の師匠である父親が急に情熱を失ってしまい、柱になったことを報告するも喜んでくれなかったとき、弟の千寿郎《せんじゅろう》に向けて気丈にこう宣言します。

「そんなことで俺の情熱は無くならない！　心の炎が消えることはない！　俺は決して挫けない」

（7巻　第55話「無限夢列車」より）

こうやって鬼殺隊の剣士たちは自分を鼓舞することで心を支え、どんどん強くなっていくのです。眠っているとき以外はヘタレキャラの善逸を除けば、みんな基本的にポジティブそのもの。自分を鼓舞し続ければ、心の炎は消えないということを、体がちゃんと理解しているのでしょう。

みなさんは「言霊《ことだま》」という言葉を聞いたことがありますか？　日本で古くから信じ

られてきた、言葉に宿るとされる不思議な力のことです。思いを込めて言葉を発すれば、その通りの結果になるという考えが、その根底にはあります。

もちろん、「プロ野球選手になる」「億万長者になる」「アイドルと結婚する」など、夢のような願望を口にして、それが簡単に実現するわけではありません。

しかし、**言わずに最初からあきらめている人と、とりあえず言ってみる人とを比べると、後者のほうが大きなことをやってのける可能性は高くなります。チャレンジする姿勢はたとえわずかでもあったほうがいい**。それによって、目標に向けた行動を考えられるようになります。

また、周囲に目標や願望を口にしたことによって、責任が生まれます。大きなことを言った手前、なんの努力もしないわけにはいかない。目標に少しでも近づかないと、みっともない。恥ずかしい。そういう感情が、自分を強くする原動力になることもあります。

こうした自分を鼓舞する方法を「自己宣言法《じこせんげんほう》」といいます。なにかに書いたり、心の中で念じたりしても効果はありますが、やはりちゃんと言葉にして口に出すのがベスト。体の内側だけでなく、自分の耳に外側からその言葉が入ってきて、内外両面から言い聞かせることができるからです。

また、他人に聞いてもらうきっかけにもなり、場合によっては、良い意味で背水の陣のような状況をつくり出すこともできます。

自己宣言ですから、心の中で完結させずに、実際に声にしたほうがいいのです。

ただし、その際、マイナスのことは言わないこと。ものごとを成功させるためには、必ずプラスのこと、前向きなことを言うようにしましょう。

託された者は、後につなぐ使命がある

自分ではなく、他人が自分を奮い立たせてくれることもあります。

お前に託した。

あなたに任せた。

お願いします。

誰かにそう言われたら、いいかげんに対応するわけにはいきません。手を抜くこともできません。いったん引き受けたら一生懸命やるしかないし、おのずと身が引き締まります。

人は託されると、やり遂げなければならない、後につながなければならないという責任感や使命感が生まれます。

鬼殺隊の剣士たちは、そんな使命感にかられて行動し、成長していく象徴的な存在です。叱咤激励《しったげきれい》したり、褒めたり、信頼の言葉をかけたりしながら、お互いを高め合う場面が、作品内にはたくさん登場します。

とくに炭治郎は、言う側言われる側、どちら側にも立ちます。人から託されることによって自らが成長し、同時に人に託すことによってその人の成長を促しています。

私が個人的に最も印象に残っている「託し」の例は、炭治郎のことを紹介するために、義勇が鱗滝にしたためた手紙の内容です。

「略啓　鱗滝左近次殿　鬼殺の剣士になりたいという少年をそちらに向かわせました（中略）もしかしたら〝突破〟して〝受け継ぐ〟ことができるかもしれません　どうか育てて頂きたい　手前勝手な頼みとは承知しておりますが何卒《なにとぞ》御容赦を」
（1巻　第3話「必ず戻る夜明けまでには」より）

義勇の並々ならぬ決意がくみ取れる、非常に重い文面です。愛弟子からこのような手紙が送られてきたら、鱗滝も真剣に応えるしかありません。

鱗滝が炭治郎に対して最初から手加減なしに接したのは、中途半端な態度をとったら、義勇に対して申し訳が立たないという気持ちもあったからではないでしょうか。

他人から期待されるとそれに応えたくなるのは人間の本能のようなもので、誰かのひと言や態度でスイッチが入って、やる気になることは多いものです。

教育心理学にピグマリオン効果というものがあります。これは他人から期待されている人と期待されていない人を比べると、期待されているほうが成果を出すというものです。日常のさまざまな場面でそういう事例を確認することができます。

たとえば学校の先生が「伸びそうだな」とプラスのイメージを抱く生徒と、「むずかしいかもしれないな」とマイナスのイメージを抱く生徒を比べると、プラスのイメージを抱かれている生徒にその思いが伝わり、成績を伸ばしていくことが、研究によって明らかになっています。

世の中には「たたかれて伸びる人」もいるかもしれませんが、いたとしても少数派。圧倒的に多いのは「褒められて伸びる人」です。

誰かに期待されるとやる気になるという現象は、誰にでも同じように見られることです。

それがよく伝わってくるのが、日本テレビ系の人気バラエティ番組『はじめてのおつかい』でしょう。小さな子どもが、ママに人生初のおつかいを頼まれ、誰かに物を届けたり、買い物したりする様子を、近所の人やお店の人に変装をしたスタッフが隠しカメラで撮影する番組です。

奮闘する子どもたちの姿を見ていると、本当に微笑《ほほえ》ましくなります。

道中で泣きながらも、くじけそうになりながらも、必死におつかいをやりとげようとするのは、「ママのため」「ママに頼まれたから」という使命感が子どもたちに芽生えているからだといえます。

この番組は、小さな子どもでも、誰かに託されると本気になり、人間的に成長できることを示す好例です。

確固たる使命感があれば迷いも焦りも消え失せる

みなさんは、やりたくないのにリーダーにされたり、キャプテンにされたり、責任者にされたりしたことはありませんか？

気持ちが前向きでないのですから、当然やる気も起きないし、使命感もまったくないでしょう。選ばれた瞬間は絶望的な気持ちになったり、大きな役割に焦りを感じたり、なかには八つ当たり気味に怒りを覚えることもあるかもしれません。

しかし、人間とは不思議なもので、置かれた立場が気持ちを変えることがあります。最初はしぶしぶ、嫌々だったのが、やり続けているうちに徐々に使命感が生まれてきます。たとえ「やらされている感」は残っていても、焦りやむなしさは感じなくなります。「外発的動機《がいはつてきどうき》づけ」によって行動できるようになるのです。

やりたくないことでも、やらざるを得ない状況になると、いつの間にか「自分がやるしかない」「やらなければならない」と思えるものです。そうすると自己効力感も高まり、なかにはむしろ積極的にその役割を全うしようとする人も現れます。

そうやって、**置かれた立場を理解し、使命感を持って与えられた役割をちゃんとこなしている人は、周りの人から好感を持たれます**。卑屈《ひくつ》にならず、明るく、すがすがしくふるまっていれば、おのずとその人の株は上がっていくものです。「やりたくないことをやらされる」というシチュエーションは、あながち捨てたものではないのです。

『鬼滅の刃』でも、鬼殺隊のメンバーたちが使命感を得ることによって、迷いや焦りを断ち、まっすぐに行動できるという、プラスの効果を感じさせるシーンをたくさん見ることができます。

その最たる例が、炎柱の杏寿郎と上弦の参の猗窩座《あかざ》が対峙するシーンでしょう。猗窩座から鬼になることを誘われた杏寿郎は、それを突っぱね、猛攻撃をしかけられて窮地に立たされたときにこう言い放ちます。

「俺は俺の責務を全うする!!　ここにいる者は誰も死なせない!!」
（8巻　第64話「上弦の力・柱の力」より）

死ぬかもしれないという状況に追い込まれながらも、この毅然《きぜん》とした態度。杏寿郎が、自分が柱という立場にいることを認識し、圧倒的な使命感を得ているからこそ言えるセリフだったと考えていいでしょう。
使命感は、確実に人間を強くしてくれるものなのです。

追い込まれたとき、迷いが生まれたときに助けてくれる声がある

親、友達、先輩、上司などからかけられた言葉が、くじけそうになったり、あきらめそうになったりしている自分を助けてくれるケースは多々あります。

顔見知りの人だけでなく、有名人の言葉も、ドラマや映画のセリフも、小説やエッセイの一節も、名曲の歌詞も、当然マンガもそうです。心に残っている言葉はいざというときにふっと頭に浮かび、問題を解決してくれたり、良い方向に導いてくれたり、背中を押してくれたりします。

こうした言葉は無意識のうちに記憶に刻まれるものが多く、自分の関心事と結びつ

いてたまっていきます。大事なのは、多くの人やものと接することです。たくさんの人たちとかかわり合いを持ち、たくさんのものごとに関心を示すことによって、知らず知らずのうちに脳内に蓄積されていきます。

そして、追い込まれたときや、迷いが生まれたときに、自然に思い出され、その場をしのぐ手助けをしてくれるのです。

善逸は、人間を蜘蛛《くも》にしてしまう毒をあやつる蜘蛛の鬼と対決している際、何度も同じ構えをしていることから、ひとつの技（型）しか使えないことを見抜かれます。

そんなとき、師匠であり、じいちゃんとしたう、桑島《くわじま》慈悟郎《じごろう》の言葉が脳裏をよぎるのです。

「いいんだ善逸　お前はそれでいい　一つできれば万々歳だ　一つのことしかできないならそれを極め抜け　極限の極限まで磨け」

（4巻　第33話「苦しみ、のたうちながら前へ」より）

徐々に体に毒が回り、手足のしびれ、痛み、めまい、吐き気に襲われる善逸。しかし、そんな窮地に追い込まれながらもじいちゃんの言葉を信じ、磨き抜いた「雷の呼吸　壱の型　霹靂一閃《へきれきいっせん》　六連」という大技を繰り出して、蜘蛛の鬼を葬り去ることに成功しました。

また炭治郎は、義勇と力を合わせて杏寿郎の仇である猗窩座と激闘を繰り広げているときに、ふと亡き父の言葉を思い出します。炭治郎がまだ幼いころ、父から聞かされたヒノカミ神楽の極意に関する話です。

「大切なのは正しい呼吸と正しい動き　最小限の動作で最大限の力を出すことなんだ」
（17巻　第151話「鈴鳴りの雪月夜」より）

猗窩座との力量差は圧倒的で、義勇と2人がかりでもなお苦戦を強いられていた炭治郎ですが、父の言葉によって冷静になり、猗窩座を攻略するヒントをつかみます。

そして突破口を見つけ、ついに猗窩座を撃破すること（正確には、猗窩座の人間時代の記憶を蘇《よみがえ》らせ、自らの過ちを気づかせ、自死に至らしめること）ができたのです。

善逸も炭治郎も、じいちゃん、父さんとの固い絆があったから、極限の状況下で、こういった声が聞こえてきたのでしょう。

一瞬のひらめきや、必要なときに必要な情報を思い出せることはひとつの能力ですが、それは、多くの人と深くかかわり合い、いろいろな出来事やものごとに興味を持つことによって、研ぎ澄まされていきます。

そして蓄積された情報が多くなると、それぞれがつながりを持つようになり、ここ一番というタイミングで、自分を助ける声として聞こえてくるようになるのです。

殻に閉じこもり、興味のないことに関心を示さないでいると、窮地《きゅうち》に立たされたときに突破口を見出すのは難しくなる――これを肝に銘じておきましょう。

第3章
強い人がやっている自分を強くする習慣
～炭治郎が強くなった理由～

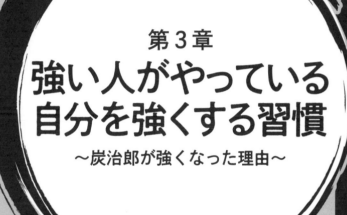

目の前の課題に素直に取り組む

義勇と初めて会ったときの炭治郎は、禰豆子を捕らえられるやいなや、涙を流して土下座をするほど弱い少年でした。

しかし、鱗滝に鍛えられ、最終選別に合格し、さまざまな鬼との戦いを重ねるうちに、いつしか上弦の鬼とも互角に戦える強さを身につけるまでになりました。

炭治郎はなぜここまで強くなることができたのでしょうか?

私は、ばか正直といってもいいほどの素直さ、愚直さが、その大きな要因のひとつになっていると思います。

素直に人の言うことを聞く。

素直に前を向く。

素直に相手の強さを認める。

この姿勢が、炭治郎が強くなる源泉になったのは間違いありません。炭治郎の素直さは、本当にまぶしい。心の底からうらやましくなるほどです。

鱗滝に課せられた特訓は、無理難題の連続でした。石や丸太や刃物が次から次へと襲いかかってきて、落とし穴まである。もう、むちゃくちゃです。

転がされ、たたかれ、脅され、怒られても、炭治郎は文句ひとつ言いません。言われた通りに、鍛錬に励みます。

これは相手が師匠だから当然といえば当然なのですが、炭治郎のすごいところは、あらゆる人の言葉に素直に耳を傾けるところでしょう。


印象的なシーンは、炭治郎が柱合会議でお館様や柱たちと初めて対面し、禰豆子を生かすかどうかをめぐってひと悶着《もんちゃく》あった後のことです。下弦の伍の累との死闘で傷だらけになった炭治郎、善逸、伊之助の3人は、療養のために「蟲柱《むしばしら》」の胡蝶しのぶの屋敷に預けられました。

体調が戻ってきたところで機能回復訓練という名のリハビリがスタート。これが心身ともにすり減る内容で、炭治郎はげっそりして訓練場をあとにする日々が続きます。

そんな様子を見ていた、お手伝いとして屋敷に仕える三人娘（なほちゃん、きよちゃん、すみちゃん）が、うまくいかずに悩んでいる炭治郎のことを気づかって、柱たちが身につけている呼吸法をアドバイスします。

それに対する炭治郎の言葉が、実に素直。


「そうか…!!　ありがとう　やってみるよ!!」

（6巻　第49話「機能回復訓練・前編」より）


これです。この姿勢です。

自分よりもずっと年下の小学生くらいの女の子、それも鬼殺隊の一員ではない人の意見を素直に受け入れる――これが炭治郎の強さの原動力なのです。

最近の学生と接していると、素直さに欠ける様子がうかがえます。なにか課題があると、やってみる前に最初から結果や可能性を決めつけてしまい、素直に取り組まないことがたびたびあるのです。

「炭治郎を見習いなさい」と心の中でつぶやきます。

たとえば就職活動のときに、イメージ先行でここはダメ、あそこは働きづらいなど、就職したことも、その会社で働いたこともないのに、上から目線で決めつけるのです。

逆に、ここはいい、素晴らしい会社と言っていたところにめでたく就職できたと思ったら、仕事ができるようになっていないのに、「イメージと違っていた」「自分に全然合わなかった」と後悔の念を口にする学生の姿もたくさん見てきました。

どうしてやる前から線を引いてしまうのか？　不思議で仕方ありません。

先入観やバイアス（偏見）がありすぎると、ものごとに素直に取り組めません。結果的に失敗に終わってしまうことが多いのです。やってみて、実際にダメだと感じたときに、初めてグチや文句を言えばいいのです。

反対に、素直に取り組んでみたら、思いのほか楽しかったとか、自分に合っていたとか、やりがいを感じたとか、イメージとは真逆の結果になることもあります。

楽しいか楽しくないか、良いか悪いか、自分に向いているかいないかは、やってみてから判断すればいい。こういうことは、やってみないと判断できないものです。

なにごとも食わず嫌いはダメということです。

「課題」というテーマを「未経験のこと」に置き換えても同じことがいえます。スポーツにしても、旅行にしても、料理にしても、なんでもそうです。

自分では運動が苦手だと思っていたけど、野球を始めてみたらみるみるうちに上達し、レギュラーの座を獲得することができた。

歴史に興味がなくて旅行はリゾート地ばかりだったけど、家族と京都へ行ったら古い街並みや寺社に魅了されてしまった。

料理が嫌いだったけど、カレーの作り方を教わったら、スパイスの調合などがおもしろくて、料理にはまってしまった。

こういうことはよくある話で、挑戦してみることによって、それまでわからなかった能力や適性などに気づくことは十分にあることです。

目の前にある課題には、好き嫌いを言わずにまず取り組んでみる。興味のあることがあれば、とりあえずやってみる。

素直に取り組むこの姿勢が、強い自分をつくることを、ぜひ覚えておいてください。

1〜10まですべてを教えてもらえると思うな

私たちは、生まれ持った本能だけで生きていくことはできません。

子どものころは親や先生から、トイレの使い方や洋服の着方といった生活の基本にはじまり、良いことと悪いことの区別、あいさつ、食事のマナー、読み書き、お金のルールなど、ありとあらゆること教えてもらいます。

学生時代には勉強、スポーツ、文化活動の指導者から基礎を教わり、社会人になれば上司や先輩から仕事の仕方を教わります。**どこまでいっても教えてもらうことだら**

け。「人生は一生勉強」といいますが、まさにその通りといっていいでしょう。

こうした教えに素直に耳を傾けることが成長するための第一歩。炭治郎が強くなっていったのも、鱗滝の教えに素直に従ったからです。

だからといって、なにからなにまで教えてもらえると思っていると、それも間違い。いつまでも誰かに頼りっぱなしで生きていくことはできないのです。どこかで独り立ちしなければならないときが、必ず来ます。

炭治郎のそのときは、唐突に訪れました。鱗滝のもとでの厳しい修業に1年間耐えたころのことです。

「もう教えることはない　（中略）　あとはお前次第だ　お前が儂《わし》の教えたことを昇華できるかどうか」

（1巻　第4話「炭治郎日記・前編」より）

このひと言を機に、鱗滝は本当になにも教えてくれなくなりました。

しかも、炭治郎の体よりも大きい岩を斬るという、きわめてハードルの高い最終課題を押しつけておきながら、です。

炭治郎は、どうやったらその岩を斬ることができるか、自分で考えるしかありません。錆兎と真菰も具体的な方法を教えてくれるわけではありません。炭治郎は鱗滝に習ったことを繰り返し、必死に岩に挑みます。何度も何度も失敗し、くじけそうになりながらも、己を鼓舞してチャレンジし続けます。

そして、鱗滝のあのひと言から1年後、ついに岩を斬ることに成功するのです。

人間は誰かになにかを教えられながら成長するものですが、いつかどこかで自分で考える必要に迫られるときがあります。誰も教えてくれない。自分で答えを導き出さねばならない。そんな局面は、誰にでも訪れます。

ところが、今の若い人たちは、いつまでも教えてもらえると思っている人が多いように映ります。「教えてくれるのが当たり前」と思っていて、失敗すると「丁寧に教えてくれなかったからできなかった」と逆ギレしたり、開き直ったりする人もいます。

なにごとも、基礎は誰かに教えてもらって然るべきです。しかし、基礎が身についたら、応用は自分で考えなければなりません。そう自覚しておかないと成長できないし、「頼れる誰か」がいない場面に身を置くことになったら、本当になにもできない人になってしまいます。

たとえば、１人で海外で暮らさなければならなくなったら、どうしますか？

現地の人に教えてもらおうと思っても、日本語が通じない国ではうまくコミュニケーションがとれません。相手も、教えたくても教えられません。「やってもらえる、教えてもらえるのが当たり前」の人は、途方に暮れることになるでしょう。

しかし、自ら考えて行動できる人は、つたない外国語でなんとか思いを伝えようと努力したり、絵やジェスチャーを使ったり、相手の表情や仕草を観察したりすることによって、相手が伝えたいことを読み取ろうとします。

その差は、とても大きいと言っていいでしょう。職人の世界では、師匠が弟子に「俺を見て技術を盗め」と言うのは当たり前。**自分で考えるというスタイルを確立させるな**

いと、本物の技術や知識を身につけることはできないのです。

わからないことがあると、なんでもすぐにネットで検索し、まとめサイトやハウツーサイト、ウィキペディアに頼る。

便利だから使うのですが、この姿勢も、いかがなものかと思います。なかには、ネットで得た情報を、あたかも自分の体験かのようにレポートにそのまま書いてくる学生もいるから困りものです。また、検索で情報が出てこなかったからと、そこでやめてしまうこともしばしば。それがだめなことだということに気づかない学生を見ていると、彼らの将来が不安になります。

もちろん、ネットで調べることがすべて悪いわけではありません。かくいう私も、日ごろから活用しています。

問題なのは、インターネットに頼りきりになることです。それでは、考える力の成長が止まってしまいます。ネット検索は、あくまで取っかかり。その後は、使える情報とそうでない情報を取捨選択し、その情報をいかに有効に使うかを考える。

インターネットが、必ず正解を教えてくれるわけではありません。いや、ベストアンサーは教えてくれないと思ったほうがいいでしょう。**自分で考えなければ、真の答えにはたどり着くことはできない**のです。

自分で考えることを習慣にする

自分で考えることを意識するようになったら、習慣にすることです。**困ってから、あるいは壁にぶつかってから考えるのではなく、ものごとに取り組む前、進める前から考えるクセをつける**ことが大事です。

「わからないことがあったら恥ずかしがらずに聞きましょう」が通用するのは子ども時代まで。大人であると自覚するようになったら、「わからなかったらまずは自分で調べて考えて、それでも解決しなかったら聞きましょう」が常識になります。いい大人がなにも調べず、なにも考えずに丸投げで質問するのは論外です。

鱗滝のもとで修行を開始する前の炭治郎に、考えるという習慣はありませんでした。鱗滝が待つ狭霧山《さぎりやま》に向かう途中、炭治郎はタイミング悪く、山のお堂で今まさに人間を喰っている鬼に遭遇します。

相手は完全なザコ鬼ながら、修行前ですからもちろん大苦戦。鬼化して人間離れしたパワーを持つようになった禰豆子の協力と、持ち前の石頭を駆使してなんとか鬼の頸をはね、斧ではさんで木に固定します。

あとはとどめを刺すだけ。しかし、鬼に対しても冷徹になれない炭治郎は、手に小刀を持ちながらもためらいを見せます。そして、そこに現れた鱗滝にそんなものではとどめを刺せないと言われた炭治郎は、鱗滝にとどめの刺し方を質問します。

すると、自分で考えずにとっさに質問する炭治郎に、鱗滝が痛烈なひと言を浴びせるのです。

「人に聞くな　自分の頭で考えられないのか」
（1巻　第3話「必ず戻る夜明けまでには」より）

まさに鱗滝の言う通り。

この場面は、自分で考えることが習慣になっていなかった炭治郎にとって、目が覚める経験であったといってもいいでしょう。しかし、そんな炭治郎も、多くの経験を積んで別人のように成長します。それを象徴しているのがこのシーンです。

「考えろ!! 考えるんだ!! 敵に大打撃を与える方法 すぐに回復させせない攻撃」
（13巻 第112話「遷移変転」より）

これは4体に分裂した上弦の肆の半天狗を倒す方法がなかなか見つからず、敵の攻撃を必死にかわすしかない防戦一方の炭治郎が、心の中で叫んだ言葉です。

誰かに聞いても答えは教えてくれない。ならば、自分で考えるしかない。

炭治郎の脳に、すでに自分で考えることが染みついていたからこそ、この言葉が出てきたのでしょう。これが成長して強くなる人の姿であり、みなさんにも参考にしてほしいあり方です。

考えるとは① 現状を分析する

「考えなさい」と言われても、いったいなにをどう考えればいいのか、イメージさえ浮かばない人もいることでしょう。考えるという行為には、やり方というか、コツがあります。その手順を紹介しましょう。

最初のステップは、現状を分析することです。

目の前にある問題はなにか。

自分はなにをしようとしているのか。

今、どういう状況に置かれているのか。

そういったことを具体的に頭に浮かべたり、書き出したりしてみます。そうすることで、考えるための材料がそろい、目の前にある問題を解決する方法を考えやすくなります。

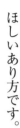

たとえば、見知らぬ町に遊びに来て、友達とはぐれてしまったとします。スマートフォンは電池切れ。やみくもに動いたところで友達と会えるかどうかも、家に帰れるかどうかもわかりません。その場を動くことで逆に友達と会えなくなるかもしれません。そういうときこそ冷静になって、現状を分析するのです。

今、自分が立っているところは駅からどれくらい離れたところなのか、人通りが多いところなのか少ないところなのか、何時ごろに帰る予定にしていたのか、一緒に来た友達は自分で動いて探してくれるタイプなのか、じっと待つタイプなのか……。考える材料がそろうと、どういう方法がベストなのかを考えられます。

炭治郎は、鬼殺隊入隊後の初陣のときから、このやり方通りの行動をとります。炭治郎が初めて指令を受け、北西の町に行って人攫《さら》いの鬼と相対するシーンです。

炭治郎はただやみくもに鬼と戦ったわけでなく、一つひとつ現状を分析しながら行動します。超人的な嗅覚を駆使して鬼のいる場所に近づいたときは、２種類の匂いから鬼と女の人がいることを確認し、鬼に向かって刀を突き刺します。

郵便はがき

切手を お貼りください

105-0003

（受取人）
東京都港区西新橋2-23-1
3東洋海事ビル
（株）アスコム

『鬼滅の刃』流
強い自分のつくり方

読者　係

本書をお買いあげ頂き、誠にありがとうございました。お手数ですが、今後の出版の参考のため各項目にご記入のうえ、弊社までご返送ください。

お名前	男・女	才
ご住所　〒		
Tel	E-mail	
この本の満足度は何％ですか？	％	
今後、著者や新刊に関する情報、新企画へのアンケート、セミナーのご案内などを郵送またはeメールにて送付させていただいてもよろしいでしょうか？ □はい　□いいえ		

返送いただいた方の中から**抽選で5名**の方に
図書カード5000円分をプレゼントさせていただきます

当選の発表はプレゼント商品の発送をもって代えさせていただきます。
※ご記入いただいた個人情報はプレゼントの発送以外に利用することはありません。
※本書へのご意見・ご感想およびその要旨に関しては、本書の広告などに文面を掲載させていただく場合がございます。

●本書へのご意見・ご感想をお聞かせください。

ご協力ありがとうございました。

一撃で鬼を倒せなかったときは、どうして倒せなかったのか原因を分析し、さらに守らなければいけない味方の位置を確認してから、次の攻撃をしかけました。禰豆子の力を借りたとはいえ、初めての戦いで3人の鬼を倒すことができたのは、炭治郎が自分の状況を冷静に分析できたからといっていいでしょう。

初陣でこれができる炭治郎は、さすがの一語に尽きます。

考えるとは② 過去の体験、持っているスキルを自覚する

現状を分析し、問題解決する方法を考えられるようになったら、次のステップは実際にそれを行うことができるかどうかを考えることです。

自分のそれまでの経験と持っている技術でそれができるのかどうかを考える。

要は、**自身の持っている技術や力量の点検作業**です。

たとえば問題を解決するには100万円必要であるとか、英語を話せることが必須

であるとか、そういう分析結果が出たとしても、手持ちのお金が足りなかったり、外国語がからっきし話せないのであれば、実行に移せません。解決策を新たに考える必要があります。

逆に、100万円持っていたり、英語をしゃべることができたりするなら、迷わず突き進めばいいということになります。

ここで注意したいのは、**自分の好きなことだから、自信を持っているからといって、必ずしも問題を解決する能力になるとは限らない**ということです。どんなに好きで自信のあることでも、あまり適性がなく、力量が足りないというケースはざらにあります。それを無視すると、問題は解決しません。

人間の能力とは不思議なもので、**好きではないこと、嫌いなことなのに、残念ながらそれがその人に向いている、適性があるということもままあります**。

実際に私は、好みと適性のギャップにもがき、苦しめられた経験があります。若いときに就職した会社で、小さいころにそろばんを習っていたという理由だけで、課内の経理の仕事を任されることになったのです。

そろばんを習っていたのはたまたまで、本当は数字や細かいことが大嫌い。嫌で嫌で仕方がありませんでしたが、仕事だから仕方がないと割り切り、がむしゃらに経理業務をこなしました。一刻も早くここから抜け出したい。なんでこんな不本意なことをやらせられなきゃならないのか？　毎日そう思いながら……。

しかし、私の気持ちをいっさい無視するかのように、上司からは評価されます。「嫌い」という本音とは裏腹に、それなりにできてしまっていたからです。

心中複雑とはまさにこのこと。私は、結局この会社を辞めるまで、課内経理の仕事を粛々と続けました。

このように、自分の好きなことと適性が合っているのかどうかを見極めるためにも、自分の技術や力量の点検は積極的に行うべきだと思います。改めて自分の得意分野と苦手分野を意識することによって、どういうところを伸ばせばいいのか、鍛えればいいいのか新しい目標ができるからです。

仕事の場合なら、好きだけど向いていないとわかれば軌道修正を図るいい機会になりますし、嫌いだけど向いているとわかれば、その事実を受け止めるとストレスを減らすことになります。

「考えろ考えろ　自分にできる最大のこと　今の俺にできることは（中略）呼吸を混ぜるんだ　水の呼吸とヒノカミ神楽と合わせて使う　そうすれば　水の呼吸のみよりも攻撃力は上がり　ヒノカミ神楽よりも長く動ける」
（11巻　第90話「感謝する」より）

前後のストーリーや状況をとくに説明しなくても、この心の声を見れば、炭治郎が過去の経験を生かし、自分が持っている能力をきちんと自覚できていることがわかると思います。こうした炭治郎が考えるシーンは何度となく登場します。

考えたら考え抜いただけ、人は強くなれるのです。

考えるとは③　状況打破のために創意工夫する

考えるという行為の最終ステップは、創意工夫することです。解決策を考えついても、そのための能力が今の自分になければ問題は解決しません。目標が大きければ大きいほど、よくあることです。

ここで**自分なりにいろいろと工夫してためすことできるかどうかが、強くなれるかどうかの分岐点**にもなります。

プラスアルファがあって初めて現状を突破できる。才能があっても、創意工夫をしないことによって大成できない人はたくさんいます。

たとえば、アマチュアのミュージシャンやダンサーが、プロの歌やダンスを〝完コピ（完全コピー）〟して、その映像をＹｏｕＴｕｂｅやニコニコ動画で流しているケースなどが、それに該当するかもしれません。

一流といわれている人や成功者として扱われている人のまねをすること自体は悪い

ことではなく、そこから学べることはたくさんあります。完コピできるということは、才能のあることの証でもあります。とてもすごいことです。

でも、完コピはどこまでいっても完コピどまり。まねるだけで終わっては、いつまでたってもオリジナルを超えることはできません。

そこから飛び出して有名になるような人は、多くの人に聞いてもらう、観てもらう、あるいは世間の注目を集めるために、自分なりのアレンジを加えるなど、なにかしらの工夫をこらしています。まねたあと、次にどうするかを考えているわけです。

行き詰まってしまった現状を打破するには創意工夫が必要なことを、炭治郎も教えてくれています。

下弦の伍の累率いる蜘蛛の鬼たちとの対決のときには、鬼に操り人形化されて自分の意思とは無関係に仲間を殺すように仕向けられている鬼殺隊の剣士を、上空に放り投げて木の枝に吊るすことによって、鬼が操れなくなるようにしてみせました。

下弦の壱の魘夢に血気術で眠らされてしまったときは、術を解いて目を覚ます方法を夢の中で考え抜き、「夢の中の死が現実の目覚めにつながる」と結論づけて自らの頸を斬り、見事に目覚めることに成功しました。

また、上弦の陸《ろく》の妓夫太郎《ぎゅうたろう》に絶体絶命の状況に追い込まれ、指を折られ、のろまの腑抜けの役立たずと罵《ののし》られたときは、あえて言わせ放題、やられ放題の状況をつくって相手を油断させ、一瞬の隙をついて毒が塗られたクナイと頭突きで反撃。大逆転で頸を斬り落としてみせました。

どんな状況になっても、ピンチに陥っても、あきらめずに突破口を探して創意工夫する。そうすれば道が大きく開け、もっと強くなれる。

炭治郎は、そのことを明確に示してくれています。

己の限界までとことん鍛える

炭治郎が所属する鬼殺隊は、選び抜かれた剣士のみで構成されるエリート部隊です。

とくに別格の存在である「柱」は、あらゆる面で力量がずば抜けています。

体力、忍耐力、対応力、応用力、胆力《たんりょく》などなど、心身両面すべてがハイレベル。成長を遂げるうちに、柱にも勝るとも劣らない力をつけていく炭治郎とその同期たちも、ほぼ同等の評価を与えていいでしょう。

持って生まれた才能やセンスに加え、人並み以上の努力を欠かさない。だから、圧倒的な力を得られるわけですが、みんなに共通するのは、己を鍛えるということに関していっさい妥協しないところです。

「死ぬほど鍛える　結局それ以外にできること　ないと思うよ」
（1巻　第5話「炭治郎日記・後編」より）

これは、炭治郎が岩を斬る修行の際に亡霊として現れた真菰が、強くなるためにはどうしたらいいかを炭治郎に説いたひと言です。

かわいらしい顔立ちをした女の子の真菰がさらりと言ってのけたセリフにしては内容がかなりシビア。要するに鬼殺隊に入るためにはそれくらいやって当たり前ということを、このひと言が示しているのだと思います。

炭治郎は、強くなるために、機能回復訓練をはじめ、己の限界までとことん鍛える特訓をいくつもこなしていきます。

刃毀《こぼ》れした刀を取りに行くために訪れた刀鍛冶《かじ》の里で、腕が6本ある剣士の姿をした「縁壱零式《よりいちぜろしき》」というハイスペックな戦闘用絡繰《からくり》人形を相手に、激しい稽古《けいこ》を繰り広げたり。

柱以外の鬼殺隊が、柱を順番に巡って稽古をつけてもらう〝柱稽古〟という合同強化訓練で、柱たちに徹底的にしごかれたり。

自らをとことん追い込むことで、確かな実力を身につけていきます。「そこまでやるの？」と思われるくらいのことをしないと、鬼舞辻を倒すことなど夢のまた夢だということを、炭治郎は心の底から理解していたのでしょう。

現代社会は、「やりすぎ」がとかく問題視されています。強豪校の運動部の顧問が行きすぎた指導をしたらすぐにニュースになりますし、長時間残業が社会問題となったことで働き方改革が導入されました。

そんな時代に、「みなさんも炭治郎のように死ぬほど鍛えなさい」とはうかつには言えません。大バッシングを受けることは明らかだからです。

現実的な話をしても、私たちが炭治郎並みに自分を鍛えるのはそもそも不可能。あそこまでやったら、本当に死んでしまいます。


その一方、条件さえ整っていれば、自分をとことん追い込んだり、ものごとを徹底的にやり抜いたりするのはありだと思っています。

たとえばプロのスポーツ選手は、限界ぎりぎりのトレーニングを積み重ねてきたからこそ、その立場にいられる人ばかりです。理屈ではなく、体が勝手に動くレベルにまで技術を磨いた結果、プロになることができた――一流といわれる人たちはみんな状況が似ています。

もちろん、研究の分野についてもそれは同じです。ノーベル賞を受賞するような科学者や研究者は、ふつうの人には想像できないような努力をしてきたからこそ世界が驚くような発見をし、世界中の人々から称賛される立場に自分を押し上げることができたのでしょう。

歴史にその名を刻むほどの突出したなにかを達成しようとするならば、炭治郎とまではいかずとも、限界ぎりぎりまで己を鍛え上げなければならないものなのです。

環境が許せば、そして、**好きで好きで仕方のないことなら、一心不乱に没頭するのはいい経験**になると思います。好きなことに対しては、限界のハードルが上がるものです。あきるまで、もうこれ以上は必要ないと感じるまで、やり抜いてみるのもいいのではないでしょうか。

世の中には、ゲームが好きで、大好きで、睡眠時間を削ってまでやり込んで、圧倒的なテクニックと知識を身につけ、そのままプロゲーマーになる人がいます。また、ゲームの制作会社や、攻略本の制作プロダクションに就職する人もいます。

中途半端な覚悟の人にはおすすめできませんが、本気度が高ければ話は別。「やりすぎ」は、強くなるためのひとつの方法なのです。

体感して得たものは、5年分10年分の修行の価値がある

頭の中でどれほど成功するイメージができていても、実際にやってみるとうまくいかないことはあります。経験してみて初めて気づくこともあります。

机上の空論でああでもない、こうでもないと考えるよりも、さっさとやってみたほうが早い。そのほうが効率良く答えを導き出せる。**やる前に考えすぎるよりも行動することが、はるかにその人にとってプラスになるケースはよくある**ことです。

スポーツの世界でよくいわれるのは、「試合に勝る練習はなし」。本番を体感し、そこから得た経験や感覚は、非常に大きな価値を持つものなのです。

『鬼滅の刃』における炭治郎も、先輩剣士たちにそのことを教えられながら成長していきます。鱗滝から岩を斬るように命じられたとき、どうやっても斬ることができず

に喚《わめ》き散らす炭治郎に対し、やにわに現れた錆兎はこう言いました。

「鱗滝さんに習った呼吸術　〝全集中の呼吸〟（中略）お前は知識としてそれを覚えただけだ　お前の体は何もわかっていない」
（1巻　第5話「炭治郎日記・後編」より）

どんな高度な技術でも、頭で覚えただけでいつまでも実践しなければ、なんの価値もないと、錆兎は教えてくれています。

また、炭治郎が刀鍛冶の里でひとときの休息をとっているとき、自分の成長をいまひとつ実感できていない炭治郎に、「恋柱」の甘露寺蜜璃《かんろじみつり》はこうエールを送りました。

「あなたは上弦の鬼と戦って生き残った　これは凄い経験よ　実際に体感して得たものはこれ以上ない程価値がある　五年分　十年分の修業に匹敵する」
（12巻　第101話「内緒話」より）

できていない、わかっていないと叱責する錆兎に対し、蜜璃は、やれている、すごいと褒めています。言っていることは真逆ですが、2人が炭治郎に伝えようとしていることの本質はまったく同じ。

知識よりも経験。

練習よりも本番。

これがいかに重要であるかを教えているのです。

錆兎に出会ったときにはできていなかった炭治郎が、蜜璃と親交を深め始めるころにはできるようになっていた。そう読み解くこともできるでしょう。

これは、「プランド・ハップンスタンスセオリー」に通ずるところがあります。

直訳すると「計画された偶然性理論」という意味で、「キャリアの8割が予期しない出来事や偶然の出会いによって決定される」という、キャリア理論の代表的な考え方のひとつです。

予期しない出来事は待っているだけではなく、自ら行動して偶然を必然に変えていくという考え方で、「行動した人には得られるものがあるが、行動しなくて考えているだけの人には、なにも起こらない」とも言えるでしょう。

少し難しくなりましたが、もっとかみ砕いて説明すると、**「なんでもいいからとにかくやってみることが大事」「行動を起こすことに価値がある」「まずは一歩踏み出してみよう」**ということです。

そうすることによって自分の殻を破るきっかけになり、強い自分になれるのです。

行動を起こしたほうが、結果的に人生のプラスになることが多い――これは間違いありません。

この考え方は、勉強、スポーツ、ビジネスから、コミュニケーションに至るまで、ありとあらゆる場面で通用します。

考えすぎて止まるよりも行動。みなさんもこのスタンスを大切にしてください。

すごいものはすごいと認める

「○○さん、すごいですね」

「お前にはかなわないよ、○○」

みなさんは、誰かからこのような言葉をかけられたらどう感じますか?

うれしいですよね。他人から認められてうれしくない人間なんていないでしょう。

その場では「お、おう、そうかな」とか「それほどでもないですよ」とか、照れ隠しや謙遜をしたとしても、1人になったときにガッツポーズをつくりたくなる。そんな経験をしたことがあるのではないでしょうか。

他人を素直に称賛する、認めるという行為は、人と人とのコミュニケーションを考えるうえで非常に大事。お互いの信頼感を高め合い、良好な関係を築く大きな礎《いしずえ》になってくれるからです。

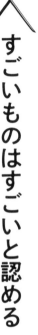

他人からされてうれしいと思うことは、自分もしてあげたほうがいい。そういう考え方もありますので、誰かに一目置くような要素があったら、素直に「すごい」と認めるようにしましょう。相手を認めると、その人の自己効力感がアップして自分も幸せな気持ちになれます。

同時に、自己分析を行ういい機会にもなります。

相手のすごさがわかると、自分との違いや自分に足りない部分が見えてきて、「自分はどうしたらいいのか」を考えることができるのです。相手の良さを見つけて目標にすることで、自分の成長を促すこともできます。

他人を認めるということは、その人のためにも自分のためにもなる。まさにいいことだらけの行為なのです。

鬼殺隊の剣士たちは、お互いを認め合うことによって、チーム全体の戦力アップを実現させている理想的な組織です。

素直な性格の炭治郎は、すごいと思えばすぐにその人を認めますし、唯我独尊《ゆいがどくそん》タイプの伊之助でさえ、認めるときは全力で相手を認めるという器の大きさがあります。

「負けてられないぞ！　俺ももっと強くならないと‼」
（12巻　第104話「小鉄さん」より）

炭治郎は、自分よりも年下かつ小柄なのにもかかわらず、「霞柱《かすみばしら》」の地位まで上り詰めた時透無一郎《ときとうむいちろう》の強さを初めて目の当たりにして、このように心に誓います。嫉妬《しっと》の気持ちを抱いたわけではなく、素直に感服し、認めたからこそ出てきた感情といえるでしょう。

伊之助に関して印象的なのは、下弦の伍の累が束ねる疑似家族の父親役を担う怪力の鬼につかまり、頸椎《けいつい》を握りつぶされそうになったときのシーンです。走馬灯がよぎり、今にもこと切れそうな状態の伊之助のもとに、どこからともなく義勇が颯爽《さっそう》と現れ、一瞬のうちにこの怪力の鬼をバラバラにします。初めて目にする柱の桁《けた》違いの実力。それに衝撃を受けた伊之助は、興奮しながらこう思います。

「すげぇ　すげぇ　すげぇ!!　何だコイツ!!　わくわくが止まらねぇぞオイ!!」
(5巻　第37話「折れた刀身」より)

自分よりもはるかに戦闘力の高い義勇の姿を見て、自信を失ったり、ただ憧れたりするのではなく、しっかりと認めたうえでわくわくした気持ちまで抱いてしまう伊之助。自信家でありながらも、素直にこういう感情を持てるところが彼のすごさであり、強さを支える源なのでしょう。

ここで気をつけておきたいのは、同じ「すごい」でもお世辞やベタ褒めでは、言われた人にも、言った本人にもプラスにならないということです。大事なのは、まず認めること。そして「すごい」と言うことです。

1人で無理なら、みんなと一緒に考える

「三人寄れば文殊の知恵」ということわざがあるように、1人では解決できないことが、複数人集まれば解決できるケースがあります。

どんなに知識が豊富で頭脳明晰《めいせき》な人でも、思い出せなかったり、答えを出せなかったりすることがありますが、別の誰かがいれば、フォローやバックアップをしてくれることもある、というわけです。

これは団体競技のスポーツに関してとくにいえることで、個々の能力が際立っていても、スーパープレイヤーが1人いても、チームワークが悪かったら勝利もままならないというのはよくある話です。

「ワンチーム」が流行語にもなったラグビーの日本代表のように、結束力の強さがチーム力に反映され、成功を生み出すことはよくあるケースです。

政治の世界もビジネスの世界もそれは同じ。1人の力が抜きん出ていて、その人がすべての問題を解決してしまうことはあっても、組織全体の成果としては意外に小さかったりします。**みんなで一緒に考えたり、協力し合ったりするほうが、大きなことを成し遂げられることもあるのです**。

1人でできることには限界がある。

無理せず他人を頼ることも大事。

チームを組めば、個々の能力の足し算ではなく掛け算になることもある。

みなさんもぜひ、そういう考えを身につけてください。

組織に成功をもたらすために大事になるのは、チームワーク、共に闘う姿勢、助け合いの精神。これらのキーワードを象徴する存在を挙げるならば、炭治郎とその仲間たちをおいてほかにいないでしょう。

鬼殺隊の剣士たちは、ただただ仲間に頼るのではなく、お互いの足りない部分を補い合ったり、ピンチを救い合ったりして、常にチームのマイナス部分を埋めつつ、個の能力を掛け算で膨《ふく》らませることを考えながら、鬼に立ち向かっています。

「伊之助‼　一緒に戦おう　一緒に考えよう　この鬼を倒すために　力を合わせよう」（4巻　第31話「自分ではない誰かを前へ」より）

下弦の伍の累が集めた、疑似家族の母親役の鬼が意のままにする、操り人形に対し、伊之助と初めて2人で戦いを挑むことになった炭治郎は、こう声をかけました。

頸を斬るのが鬼を倒すセオリーなのに、そもそも頸がない。どうしたらいいか？　最初は伊之助が暴走してやられそうになるも、炭治郎が敵の攻撃を阻止。自己中心的な性格の伊之助が、「頸の付け根から脇下まで袈裟《けさ》斬りにする」という炭治郎のアイデアを不本意ながらも受け入れ、実行に移すかたちで見事攻略に成功するのです。

1人では無理でも、2人なら問題を解決できることを示す、お手本のような例といってていいでしょう。

「甘露寺さんを守るんだ!!　一番可能性のあるこの人が　希望の光だ!!　この人さえ生きていてくれたら　絶対勝てる!!　みんなで勝とう!!　誰も死なない　俺たちは…」（14巻　第123話「甘露寺蜜璃の走馬灯」より）

これは、上弦の肆の半天狗が分身を合体させた憎珀天《ぞうはくてん》という鬼に、蜜璃が致命傷に近いダメージを負わされ、それを見た炭治郎が、ともに戦っていた禰豆子と、同期の不死川玄弥《しなずがわげんや》、そして死にかけている蜜璃にかけた言葉です。

仲間を思うこの魂の叫びが届いたのでしょう。蜜璃は目を覚まし、再び刀を握ります。いきなり憎珀天を倒すには至らなかったものの、すぐさま形勢逆転につながる攻撃を繰り出すのでした。そして、蜜璃が憎珀天を追い込んでいる間に、炭治郎たち3人は本体である半天狗を追い、ついに頸をはねるのです。

これもまた、みんなで力を合わせれば、強大な敵とも互角に戦える、という無限の可能性を示唆する、とてもわかりやすいエピソードです。

ここでひとつ気をつけてほしいのは、仲間に頼るというのは寄りかかって頼りきりになるのとは違うということです。どんな分野においても、最も重要なウエイトを占めるのは、あくまで個々の能力です。

自分の能力を磨いたうえで、それをチーム全体の力にする。

自分の良さを仲間にも生かしてもらう。

この考え方をチームのみんなで共有できていないと、思惑《おもわく》通りにはいきません。

誰かに助けてもらわないとなにもできない人が何人集まっても、相乗効果は生まれません。マイナス同士の掛け算は、数学の世界ではプラスになりますが、この場合はマイナスの絶対値が大きくなるだけ。

そのことを十分に理解したうえで、仲間と協力し合うようにしましょう。

「お前には負けない」が行動力につながる

チーム一丸で取り組むと、仲間のことを意識し、理解することができます。そして、競争心やライバル心が芽生え、切磋琢磨できる環境も生まれやすくなります。同級生や同期など、スタート地点や立場が一緒という仲間に対してほど、その思いは強くなるもので、一歩でも先んじようと頑張るのが人間というものです。

○○には負けたくない。負けたら悔しい。**そういった感情がバネになり、さらなる向上心が生まれます**。1人でコツコツ努力するのも大事なことですが、競う相手がいたほうが心も鍛えられ、能力も伸びやすくなります。

負けず嫌いな性格は、ひとつの武器であり、財産でもあるのです。

『鬼滅の刃』で負けん気の強いキャラといえば、真っ先に名前が挙がるのは伊之助でしょう。(上から目線ながらも)他人を褒めたり認めたりすることができる一方、基本的には自信家で、自己中心的で、自分がナンバーワンでないと気がすまないタイプ。なにかにつけて、同期や柱たちに対抗意識を燃やします。

炭治郎と一緒にいるときに鬼を見つけたら、自分のほうが先に気づいていたと鼻息を荒くし、機能回復訓練を通じて炭治郎が「全集中・常中」という技を会得していることを知らせると、すぐに自分もできると声を荒げて言い放ちます。

伊之助ほど極端ではないにせよ、炭治郎も典型的な負けず嫌いであり、無一郎に対して「負けてられないぞ!」と思ったシーンは、すでに紹介した通りです。

こうやって、悔しがり、負けたくないという思いが、彼らをどんどん強くします。

ただし、チームとして活動することのデメリットもあります。

まず触れておきたいのは、社会心理学でいう「リンゲルマン効果」。これは「社会的手抜き」ともいわれ、チームを組むことによってやる気になるどころか、一部の人が「誰かがやってくれるだろう」と100%のパフォーマンスを発揮しなくなってしまう現象です。当然これでは、チームとしての成果は上がりません。

以前、心理学をテーマにしたあるテレビ番組で、社会的手抜きを検証するためにこんな実験が行われました。

屈強な男性5人を集め、まずは個々にパワー（引っ張る力）の数値を測定。その後、5人で力を合わせて綱でつながれたトラックを全力で引っ張ってもらい、そのときのパワーを測定したところ、なんと5人とも個々の数値が下がるという結果が出たのです。「俺が頑張らなくても誰かがやるから大丈夫」という思いが、無意識に1人ひとりにはたらいていたと考えられています。


社会的手抜きは、共同作業になると起こりやすいことがわかっています。私が大学の授業でグループワークを行うと、なにもしない学生が必ず出てきます。それも、1人だけではなく何人も。これがその典型的な例といえるでしょう。人は共同作業になると、自分に求められる努力量を少なく見積もってしまうのです。

その一方、個人の仕事ぶりがはっきりとわかる単純作業では、社会的手抜きが起こりにくいとされています。「できればトップを取りたい」「ビリにはなりたくない」という思いが行動に直結しますし、サボっているとすぐにバレてしまうからです。

もうひとつ、大きな問題として取り上げたいのは、負けたり失敗したりしても、悔しがらない若者が増えてきているということです。人と競うことが行動に対するモチベーションにならない人が多くなってきました。教育の現場にいると、とくに最近は強く実感します。負けても失敗しても「スルー」する感じです。

適当にやっていれば適当に生きられる世の中になってしまったからでしょうか。とにかく意欲や向上心を持たない人が目立つようになってきました。

別に一番じゃなくていい。カッコイイ車は別にいらない。家を建てなくてもいい。結婚はしてもしなくても別にどちらでもいい。可もなく不可もなしの人生で構わない。人と比べず、自分は自分だから、と。

その一方で、好きなアニメは観たいとか、応援しているバンドのライブに行きたいとか、そういう欲はあります。

また、損得勘定は持っているので、「これをやらないと損をするな」とわかれば、多少はやる気が出るようですが、それまでで、こうしたいとか、こうなりたいとか、そういう思いはありません。本当につかみどころがないのです。

意欲や向上心のない人たちはなにが活性剤になるのか?

どうやったら〝やる気スイッチ〟が入るのか?

その答えはなかなか見つかりません。これが今の私のいちばんの課題であり、社会全体が考えなければいけない問題ではないかと感じてしまいます。

そんな彼らが働き盛りの30代、40代になったら、もしかしたら今とは異なる価値基準の世の中が訪れ、それなりに社会がうまく回っていくのかもしれません。でも、本当にそれでいいのだろうかと疑問にも感じます。

これはみなさんに声を大にしてお伝えしたいのですが、そういう時代だからこそ、**悔しいという気持ちがわきあがってきたら、それを大事にしてください**。

できないことがあったり、ゲームやスポーツや勉強で友達に負けたりして、悔しがって泣くようなことがあれば、それは心から喜ぶべきこと。これからの人生において、とても大切な能力を鍛える貴重な訓練をしているんだと思ってください。

悔しがらずに、「もういいや」と思い始めたら危険信号です。放っておくと、わくわくすることもドキドキすることもなく、なりたい自分にもなれず、叶えたい夢も叶えられない、達成感もない、つまらない人生になってしまいます。

そんな兆候が見られたら、『鬼滅の刃』を読みましょう。

そして、炭治郎や伊之助の姿を目に心に焼きつけてください。不可能を可能に、夢が現実になる瞬間を味わいつくす、豊かな人生を歩んでください。

第４章
仲間をひきつける「強さ」の秘けつ
～炭治郎の優しさは真の強さの表われ～

あなたも炭治郎のように鬼にも優しさを向けられるか？

『鬼滅の刃』でとても印象に残るシーンがあります。炭治郎が最終選別で最初に遭遇したザコ鬼2人を倒したあとのことです。

炭治郎はボロボロと崩れゆく亡骸《なきがら》を前に手を合わせ、どうか成仏してほしいと念じます。

さらにその直後に現れた、鱗滝やその弟子たちと深い因縁のある手鬼を倒した際は、先輩剣士たちの憎き仇であるにもかかわらず、差し出された手をぎゅっと握りしめ、こんな言葉を投げかけます。

「神様どうか　この人が今度生まれてくる時は　鬼になんてなりませんように」

（2巻　第8話「兄ちゃん」より）

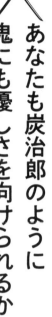

振り返ってみれば、鱗滝のもとで修行をする前に出会ったザコ鬼にも慈悲の心を見せ、とどめを刺すことを躊躇《ちゅうちょ》してしまった炭治郎。鬼殺隊の剣士として未熟な段階だったからというわけではなく、彼は強くなったあとも同じような感覚を持ち続けます。炭治郎は、とにかく優しいのです。

彼と戦った多くの鬼たちは、死ぬ間際に人間だった頃の記憶を取り戻し、鬼になってしまったことに対して懺悔《ざんげ》の念を抱きます。「遅い！」といってしまえばそれまでですが、憎悪に満ちたまま死ぬよりははるかにましでしょう。ある意味、炭治郎が美しい最期を用意してくれたと考えてもいいかもしれません。

炭治郎は、もちろん、味方にもすさまじいまでの優しさをみせます。

この性格は、心を鬼にしてでも戦わないといけない剣士としては重大な欠陥なのかもしれません。周囲はみんな、甘い、優しすぎると眉間にしわを寄せます。

しかし、なんだかんだで受けて入れていく。そして、いつの間にか動かされていく。

それが炭治郎の持つ、人をひきつける力なのです。

このように、**深く大きな優しさ、慈悲の心に接すると、おのずと人の心は動きます**。

炭治郎のように、見返りを求めずに常に他人のことを思いやり、助けよう、役立とうとして行動することを心理学用語で「向社会的行動」といいます。

向社会性の高い人は、いわゆる、誰に対しても「よい人」であり、世の中を良い方向にもっていける人です。**嫌いな人、憎い人に対してまで慈悲の心を持つのはかなり難しいことですが、誰もがそれができれば、本当の意味での平和な世界が訪れる**のでしょう。

マザー・テレサやマハトマ・ガンジーは、まさにその究極的存在です。

誰もが簡単に、マザー・テレサやガンジーのようになることはできませんが、今よりも寛大な心を持とうと意識することはできます。なるべく怒らない。イライラしない。相手を思いやる。嫌なことをされても許す——。

すべてをいきなりというのは無理でも、少しずつ、できるところから取り入れていくことなら可能なはずです。すべては受け止め方次第です。

誰ともトラブルをまったく起こさずに生きていくことは難しいことだと思います。それは仕方のないことだと受け入れるとして、大事にしなければいけないのは、誰かともめてしまったあとの姿勢、そして考え方です。

憎しみや恨みの感情をグッと堪《こら》え、相手を許そうと努力する。できるだけ根に持たないようにする。そう心がけるだけで余計なエネルギーを消耗することもなくなります。

起こってしまったことは取り消せませんが、そのとらえ方、心の中での処理の仕方によって、未来は大きく変わってくるのです。

あなたは誰かを心から応援できるか？

他人に対して手を差し伸べたり、優しい言葉をかけたりと、直接的に自分がかかわることだけなく、間接的に助けたり、支えたりすることも大きな意味を持ちます。

他人の成功を陰ながら祈る。
頑張っている姿を見て応援する。

こういう姿勢もまた、心が豊かになるためには不可欠な要素です。

炭治郎は、他人を助けることにかけて天下一品ですが、同時に他人を全力で応援することもできる人です。「頑張れ」が口癖ですし、同期の善逸や伊之助と一緒に鬼と戦っているときは、くどいくらいにはっぱをかけています。

応援されたほうは、絶対に悪い気はしませんし、さらにやる気にもなります。場合によっては、その人の運命を変えるきっかけになることもあります。

そんな、「誰に対しても」という炭治郎らしいスタンスが如実に表れていると感じられるシーンがあります。

炭治郎が刀鍛冶の里を訪れたときに、刀匠《とうしょう》の見習いの小鉄という少年に出会います。

祖先から代々受け継がれてきた優れた戦闘用絡繰人形、縁壱零式の所有者で、刀鍛冶としての自らの腕がまだ拙《つたな》いために、壊れたら二度と直すことはできないと、鍵をかけてこれを厳重に保管していました。

しかし、縁壱零式との特訓を望む時透無一郎に強引に持ち出されてしまいます。縁壱零式を相手に、これぞ柱たる能力の高さを見せて、互角に渡り合う無一郎。するとついに、無一郎の一撃が縁壱零式の左の頬《ほお》から左肩にかけてヒットし、肩に装着されている鎧《よろい》もろとも破壊されてしまいました。

もう直せない。自分の代でこの縁壱零式の継承を途絶えさせてしまう。そう観念した小鉄は、横にいた炭治郎に涙を見せまいと、近くにあった木に登り、肩を落としま す。その姿を見た炭治郎がこう言うのです。

「君には未来がある　十年後　二十年後の自分のためにも今頑張らないと　今できないことも　いつかできるようになるから」

(12巻　第103話「縁壱零式」より)

初めて会ったばかりの、自分より年下の刀鍛冶の見習い少年に全力エール。これぞ炭治郎の真骨頂です。

炭治郎の励ましを受けた小鉄は、故障した縁壱零式の修理に挑むことを決意。再び動かすことに成功します。

他人のことを応援できるのは、親身に接しよう、深くかかわろうという思いがあるからです。これは、他人に共感する力があるからできること。他人に無関心な人、他人のやることは自分に関係ないと思っている人には、この感情は生まれません。援助行動（応援）は、共感することによって促進されるからです。

現代の日本は他人に対して無関心な人が増え、応援すること、されることが当たり前ではなくなってしまいました。

とくに若者は、自分とその周辺にいる仲間だけで、人間関係を完結させようとする傾向があります。「ウチら」でくくれる範囲内か、それ以外か。当然、「ウチら」に含まれない他人に対しては、なんの関心も示しませんし、応援することもありません。
これはとても寂しいことです。

人前でプレーすることを生業《なりわい》とするスポーツ選手は、口をそろえてこう言います。「応援されると、ものすごく励みになる」と。実際、ほとんどのチームがアウェー（相手の本拠地で行う試合）よりもホーム（自分の本拠地で行う試合）で好成績を残していることは、あえて具体例を出さなくても知っていると思います。

２０１９年に行われたラグビーのワールドカップで日本が大躍進した背景は、選手たちの実力の高さ、チームワークの良さはもちろんのこと、ファンの大声援も確実に存在していたと思います。

大会後に選手たちは、「ありがたかった」「うれしかった」「力になった」と心の底から感謝の念を口にしていました。

応援というのは、なににも代えがたいものです。

そして、とてつもない力を持っているものです。

誰かを応援していれば、めぐりめぐって自分が応援される立場になることもあるでしょう。心が充実するとともに、成果を上げることにもつながります。できれば、誰も応援しない人生より、誰かを応援する人生を歩みたいものです。

自分の気持ちをストレートに伝える

「空気を読む」という言葉があります。その場にいる相手の気持ちを察したり、それまでの会話の流れや行動を踏まえたりして、言っていいことと言ってはいけないこと、やっていいこととやってはいけないことを判断するという意味です。

みんなが賛成しているときに、１人だけ反対の意見を口にしたり、場違いな行動をとったりすると、たちどころに「空気の読めない人」に認定されてしまいます。

人間関係を構築するうえで、今はこの「空気を読めるか・読めないか」がとかく重視されがちです。慎重に言葉を選んでいる人もいるのではないでしょうか。

もちろん、相手の意をくむこと、思いをめぐらせることは大事です。

しかし、最近はそこに意識が向きすぎていて、空気の読めない人と思われないように、自分の考えをストレートに口にしない人が圧倒的に増えてきました。

空気を読みすぎると、自分の本意ではないことを言ったり、逆に黙らざるを得なかったりして、ストレスをため込む要因になります。

しかも、空気を読んで導き出された答え、良かれと思った答えが、必ずしも正解であるとは限りません。結果的に、黙っていたほうが良かったり、言ってしまったほうが良かったりすることもあります。

本来必要である相手への気づかいや思いやりではなく、嫌われないための配慮や忖《そん》度《たく》は徒労に終わるだけなく、かえって人間関係を悪化させることもあります。

この感覚はかなり日本的なもので、海外の人たちは、相手に気をつかいつつも、自分の思っていることはわりとハッキリと言います。それが相手にとっては受け入れがたいことであっても、お互いがそういうスタンスでコミュニケーションをとっているため、極端に関係がこじれることは少ないようです。

日本人は、相手から本音をぶつけられると、自分を攻撃されているかのように勘違いする傾向にあります。だから、無意識のうちに自分も本音を言わなくなるのです。

そういう日本人に対して、「なぜ自分の考えをちゃんと言ってくれないんだ」と、腹を立てる外国人もいます。


思っていることをストレートに伝える。毅然とした態度をとる。

これは日本人にとってハードルの高いことかもしれません。しかし、我慢してストレスをためるのはいいこととはいえないでしょう。**素直な疑問をぶつけたり、本心を伝えたりするのは、決して悪いことではない**のですから。


そんな日本人らしからぬ行動ができる日本人、それが、誰であろう炭治郎です。

炭治郎の辞書に「空気を読む」という言葉はありません。すごいと思ったらすごいと言い、間違っていると思ったら間違っていると言います。言葉をオブラートに包んで話すという技術も持ち合わせていないようです。

これが、打算的なキャラクターであったら人が離れていくかもしれませんが、炭治郎は絵に描いたようなド天然キャラ。それをみんなわかっているので、「仕方がない」「どこか憎めない」となり、結果的に誰からも愛されるようになっていきます。

絆というものに憧れて疑似家族をつくった下弦の伍の累に「お前の絆は偽物だ」と突きつけると逆ギレされ、その言葉を取り消せと迫る累に、炭治郎はこんなひと言を返します。

「取り消さない　俺の言ったことは間違ってない!!　おかしいのはお前だ」
（5巻　第37話「折れた刀身」より）

柱合会議が始まる前、「風柱」の不死川実弥が禰豆子を殺してしまおうとしたとき、炭治郎は実弥に飛びかかりながら、抑えることのできない怒りをぶつけます。

「俺の妹を傷つける奴は　柱だろうが何だろうが許さない!!」
「善良な鬼と悪い鬼の区別もつかないなら　柱なんてやめてしまえ!!」
（6巻　第45話「鬼殺隊柱合裁判」より）

これらはほんの一例です。本音をぶちまける炭治郎は、『鬼滅の刃』という作品を通して、ありとあらゆるシーンで目にすることができます。自分が正しいと思ったことを相手に伝えないと、性格的に気がすまないのです。

みなさんに、ストレートすぎる炭治郎のようになれとは言いません。「お前なら仕方がない」とか、「憎めない」と許される天然キャラならともかく、ふつうの人にはリスクが高すぎます。

とはいえ、空気を読みすぎることがおすすめできないのは事実。**相手と状況に応じながら、できるだけ自分の思いをストレートに伝えるようにしてみましょう**。

言われた相手も、そのときは一瞬むかっとくるかもしれませんが、冷静に考えたらその内容は図星で、悪い部分を指摘してくれて、ありがたかったと思えるケースも出てくるでしょう。事態が好転するきっかけになるかもしれませんし、お互いを認め合ういい機会になるかもしれません。

感謝は言葉で伝える

本音をストレートに伝えるべきというのは、感謝の心に関しても同じです。

どうもありがとう。

感謝しています。

本当に助かりました。

心の中でこういうふうに思ったとき、それを**ちゃんと言葉にして相手に伝える**のは非常に大事なことであり、礼儀です。言ったほうも言われたほうも、朗《ほが》らかな気持ちになります。逆にきちんと伝えないと、不義理や恩知らずといったレッテルを貼られてしまうこともあります。

「恥ずかしくて言えない」という思いにとらわれすぎていると、あなたの人間的な評価を下げることにもつながりかねません。


気をつけたいのは、相手が家族のときです。

「今さら恥ずかしい」とか「言わなくても思いは伝わっているはず」と考える方が多いかもしれませんが、相手が誰であろうと、感謝の気持ちを言葉で伝えることの重要さは同じです。

たとえば、食事をつくってもらったとき、部屋の掃除をしてもらったとき、お茶をいれてもらったとき、洗濯をしてもらったとき、してくれた人にちゃんと「ありがとう」と言っていますか？　言わないこと、言われないことに慣れきっていませんか？

こういうミスコミュニケーションが積み重なると、家族がバラバラになってしまうケースは、実はとても多いのです。

「ありがとう」とお互いに言い合えている家族と、そうでない家族。どちらがすてきだと思いますか？　どちらが幸せに見えますか？
その答えは、言わなくてもわかりますよね。

『鬼滅の刃』では、第1話の冒頭から、感謝の言葉を家族間で伝えているシーンが描かれています。

雪が降り積もって危険な状況ながらも、山を下りて町に炭を売りに行くという炭治郎に、柔和な表情を浮かべて「ありがとう」と言うお母さん。そこに、父親が早くに亡くなったのだから長男が家業を手伝うのは当たり前、というスタンスの厳しい母親の姿はありません。優しく炭治郎を包み込み、素直にお礼を言っています。

下弦の壱の魘夢の血気術で炭治郎が眠らされて夢を見ていたときは、末っ子の弟・六太《ろくた》に「置いていかないで」と泣きすがられたのを受け、涙を浮かべてその場を駆け去りながらこう思います。

「ごめんなあ　六太　もう一緒にはいられないんだよ　だけどいつだって兄ちゃんはお前のことを想っているから　みんなのことを想っているから」
（7巻　第57話「刃を持て」より）

家族の存在そのものに対して、「ありがとう」と思っている炭治郎。離れ離れになってもその思いは変わらないということを、ここからくみ取ることができます。

家族に対してでもここまでできるのですから、他人に対しては言うまでもなく、炭治郎はあらゆる人に対して感謝の言葉を口にします。

とくに、悲しい生い立ちからすっかり性格がすさんでしまった伊之助に対して「ありがとう」を繰り返し、徐々に凍てついた心をとかしていったのは印象的です。

古き良き日本の心とでもいいましょうか。そんな炭治郎を見ていてほっこりするのは、私だけではないでしょう。

ビジネスの世界で、お互いにメリットや利益が生じる取引を「**ウィンウィン**」と言いますが、**「ありがとう」の声かけは、まさに人間関係におけるウィンウィン**。どちらも損をしないいし、減るものでもありません。

前項で、自分の思いを伝えるとき、炭治郎ほどストレートにやらなくていいと述べましたが、感謝の心を伝えるときはとことんまねしてください。

素直な気持ちで「ありがとう」と言われて、マイナスの感情を抱く人はいないからです。

ありがたいと思ったら、言葉にして相手に伝えましょう。

家族とか仲間とか他人とか、不要な垣根をつくることなく、「誰にも等しく」の姿勢で、心から伝えるようにしましょう。

真正直なふるまいは敵をつくらない

自分の正直な思いを相手に伝えるという行為は、言葉でのみ成立するわけではありません。行動によって、それを示すこともできます。言葉に表わさなくても、自分の本心をアピールしたり、他人の過ちを指摘したり、感謝の心を伝えたりすることはできます。

むしろ、言葉だけだと「上っ面」と判断されかねないところを、行動が補ってくれることもあります。

あの人はちゃんとやっている。

口だけではない。

そう思われることで、他人から認められ、信頼され、評価も上がっていくものです。

「打算」はゆくゆく気づかれますが、**真正直なふるまいは相手の心にしっかり響き、やがて心を動かします。当然、味方も多くなっていく**ことになります。

たとえば、心理学でよく例にだされるのが、『12人の怒れる男』という法廷ものの映画に出てくる陪審員8番の姿勢です。この映画のなかで8番は、ほかの陪審員11人が有罪とするなかで、慎重に決めたいという理由でただ1人反対票を投じます。

そして、固定観念にとらわれずに疑問に感じたことを言葉にし、疑わしい証拠をひとつずつ検証しようと11人に語りかけていきます。誠実に根気よく議論をしていくことで1人、2人と意見を変え、最終的には全員が有罪から無罪に意見を変えました。8番の正直で真摯《しんし》な態度や一貫した言動と実直な姿勢が、反発していた陪審員の意見さえ変えてしまったのです。

これを社会心理学では「少数者影響過程《しょうすうしゃえいきょうかてい》」と言います。正直なふるまいは人に影響を与えるのです。

真正直といえば、やはり炭治郎でしょう。

彼の場合は、真正直というよりはばか正直。「もうちょっとズルくなってもいいんだよ」「なにもそこまでしなくてもいいのに」と言いたくなるレベルです。言葉だけでなく、行動でも彼は嘘《うそ》をつけません。

こう言ったら身もふたもないのですが、炭治郎の天然キャラぶりは最強なのです。言っている本人、やっている本人が、他人から「正直者だなあ」と思われていることにすら気づいていません。計算がいっさいない。だから、なににも影響されず、前を向いて突っ走れるのでしょう。

炭治郎、善逸、伊之助が初めて結束して元十二鬼月の響凱を倒し、迷宮のような屋敷から脱出したときにはこんなことがありました。

同じ鬼殺隊ゆえに共闘したものの、3人は実質的には初対面。「俺最強キャラ」の伊之助は、自分の実力を誇示するためにいきなり炭治郎に戦いを挑んできます。

両者は互角の攻防を繰り広げたのちに、伊之助が、強力かつ柔軟な肉体を生かして、炭治郎の後頭部に痛烈な蹴りの一撃をお見舞い。そして、俺はすごいだろうと繰り返しアピールしたかと思えば、体を反り返らせて一回転させた顔を、股の間からのぞかせて「こんなこともできる」と自慢したのです。
こんなことをされたら、普通の人間は怒ります。しかし、炭治郎はこう叫ぶのです。

「やめろ　そういうことするの　骨を痛めてる時はやめておけ　悪化するぞ!!」
（4巻　第26話「素手喧嘩」より）

確かに炭治郎の言う通りなのですが、攻撃されていて真っ先に出てくるセリフがこれというのは、笑ってしまいます。でも、それが炭治郎なのです。
ここで「てめぇ、この野郎！」と反撃に出たら、争いが長引き、2人の関係は悪化していたかもしれませんが、自分のことよりもケガをしている伊之助を心配してしまう、ばか正直者の炭治郎により、このくだらない争いは収束に向かいます。

真正直にふるまうことは、いいことであり、人間関係を良好にしたり、事態を好転させたりするきっかけにもなってくれます。しかし、これを意識しすぎるとどうしても力が入ってしまいます。

計算しているわけではなくても、どこかわざとらしくなってしまうので、実際のところなんとも難しいところではあります。場合によっては、嫌味に受け取られてしまうこともあります。

だから、誰かから「天然」と言われたことのある人は、その素養を大事にしてください。それは持って生まれた才能です。「天然」の人は、それに気づかないから「天然」なのであり、気づく側の人が意図的に「天然」になることはできないのです。

炭治郎のように、ストレートに、ばか正直に。

そんな生き方は、周りの人たちを幸せにする大きな武器のひとつです。

積み重ねても積み重ねても謙虚さを忘れない

「まだまだ実力をつけることが必要と考えております。（中略）もっともっと実力をつけて、タイトルを狙える棋士になりたいと思っています」

これは、将棋の藤井聡太七段（当時四段）が、弱冠14歳で公式戦29連勝という新記録を達成したあとの記者会見で口にした言葉です。

プロ入り後無敗で打ち立てた空前絶後の大記録。にもかかわらず、いっさいおごらず、喜びを爆発させることもなく、淡々と語っている姿が印象的でした。

まさに謙虚そのもので、彼はプロデビュー前から、この姿勢を崩していません。家族や師匠に感謝し、先輩棋士たちを敬い、自分の実力を過大に評価しない。節目の記録を達成したときに発するコメントを聞くたびに、彼は本当にすごいと思います。個人的には、畏敬《いけい》の念すら抱いています。

人間は成功を収めると、自己満足感にひたり、自画自賛したい思いにかき立てられるものです。外へのアピールはグッと堪えたとしても、心の中では「イエーイ」とガッツポーズをとったり、「自分はすごいなあ」とはしゃいだり。

そうやって、有頂天になりすぎて、転落していった人は多いと思います。

藤井七段にそんな様子はいっさい見られません。本心は本人にしかわかりませんが、彼は決して自分をすごいとは思っていないでしょうし、「実力はまだまだ」というのも紛れもない本音のはずです。

だから、常に上に行くことを目指して精進し、着々と実力を伸ばして数々の最年少記録や最多記録を達成できているのでしょう。


いい子、すごい子、謙虚な子。

そういう観点で見ると、炭治郎も見事にこれらの条件を満たしています。

家族を大切にし、先達《せんだつ》を敬い、己を知り、律し、努力する――。才能にあふれているところも含め、2人はとてもよく似ています。炭治郎がリアルに現代に生きていたら、剣士ではなく別の分野で、若くして大成していたことでしょう。

炭治郎が刀鍛冶の里で蜜璃に称賛されたとき、「ありがとうございます」とひとまず礼を言ったあと、こう返しています。


「でもまだまだです　俺は　宇髄《うずい》さんに〝勝たせてもらった〟だけですから　もっともっと頑張ります　鬼舞辻無惨に勝つために！」

（12巻　第101話「内緒話」より）

さらに、炭治郎が柱稽古に参加したときのこと。「岩柱」の悲鳴嶼行冥《ひめじまぎょうめい》から、刀鍛冶の里における鬼との戦いの際に、妹の命よりも、里の人間の命を優先して行動したことは、誇らしいと称《たた》えられると、決断したのは禰豆子で自分ではないと正しました。

謙虚すぎる。このひと言につきるのではないでしょうか。

謙虚でいられるということは、自分自身のことを冷静に分析できていることの証です。逆にいうと、自分が見えていなければ謙虚になることはできません。その気持ちには曇りがなく、自分の力で成し遂げたことだけでなく、他人が自分にしてくれたことについても、しっかり理解できている状態といえます。

もしも気持ちに曇りがあったら、それは謙虚ではなく謙遜になります。

「いやいや、俺なんかたいしたことないですよ」と言っておきながら、実は自分のことをすごいと思っている状態です。

謙虚が、自分に正直な人の立ち居ふるまいに対して、他人が評価することによって成立するのに対し、謙遜は、本人の判断で、自分のことを自己評価よりも低く言う行為を、他人が気づくことによって成立します。両者には大きな違いがあります。

自分に自信を持つのは悪いことではありませんが、過信は禁物。過信した時点で、成長を止める要因になるので、注意しましょう。

プロの世界で一流といわれている人たちは、おおむね謙虚です。ぜひともその姿勢、生き方を参考にしてください。

我欲を捨てる

たとえばあなたが、超人気パティシエがオーナーシェフを務める洋菓子店に、限定商品のケーキを求めて、開店前から並んでいたとします。行列には、限定商品以外を購入することが目的のお客さんも含まれるので、どこで売り切れるのかはわかりません。

開店と同時に、スタッフが限定商品の整理券を配り始めます。するとラッキーなことに、あなたのところでちょうど品切れ。最後の1枚の整理券を手にすることができたのでした。

しかしふと後ろを見ると、限定のケーキを楽しみにしていた小学生くらいの女の子が目に涙を浮かべ、一緒にいる母親に「仕方ない。我慢しようね」となだめられている様子が目に入ってきました。

あなたはこの女の子に、最後の整理券を譲ってあげることができるでしょうか？

いざ自分がその場になったら、即座に決断を下すことはできないかもしれません。仮に限定ケーキの販売期間が今日までだったら、悩んだ末に自分のことを優先させる人も出てくるでしょう。誰でも、めったに訪れないチャンスは逃したくないものです。

でも、炭治郎なら迷いません。そんな状況になったら、瞬間的に自分以外の誰かが喜ぶほうを選びます。

炭治郎はあっさりと我欲《がよく》を捨てることができます。いや、そもそも彼には我欲というものがないのかもしれません。

誰かになにかを譲る。他人を立てて花を持たせる。

炭治郎は、「自分は後回し」というポリシーを持っているのではなく、無意識のうちにこれをやっています。

炭治郎と伊之助が下弦の壱の魘夢と戦っている際に、2人が交わした次のやり取りからは、炭治郎らしさを感じることができます。

炭治郎「伊之助!!　この真下が鬼の頚だ!!」
伊之助「命令すんじゃやねえ　親分は俺だ!!」
炭治郎「わかった」
（7巻　第61話「狭所の攻防」より）

生きるか死ぬかの極限の状況のなか、どちらが上であるかにこだわる伊之助も伊之助ですが、それをすんなり受け入れる炭治郎も炭治郎。鬼を倒せるのであれば、立場なんてどうだっていいというこの姿勢には、感服するしかありません。

また、上弦の肆の半天狗の4体の分身体と激闘しているときにも、印象的な会話のやり取りがありました。

3体の分身体を同時に相手にしていた炭治郎は、別の場所でもう1体と戦っている玄弥に遭遇。目の前の3体の頸をはねるも、5体目の存在を察知した炭治郎に、玄弥が柱になるのは自分だから、上弦の頸を自分によこせと食ってかかります。そのときも炭治郎は、玄弥にあっさり譲ります。

炭治郎「なるほど!! そうかわかった!! 俺と禰豆子が全力で援護する!! 三人で頑張ろう!!」

（13巻 第113話「赫刀」より）

炭治郎だって柱になりたいと思っているはずなのですが、それは欲ではなく、あくまで鬼舞辻にたどり着くためのステップ。人の上に立ちたいとか、優位性を保ちたいとか、そんな思いは1ミリも持っていません。

人間は、欲を捨てようと思ってもなかなか捨てることができません。

でも、無欲になれば、その人は周りの人の成功や成長を促すことができますし、多くの人から信頼を集めることもできます。

ものごとがうまくいくのなら、究極的には、みんなが平和で幸せになれるのなら、些末《さまつ》なことは気にしない。自分のことは二の次でいい。

それくらい、心に余裕を持って行動したほうが、結果的に自分のためにもなるということを、炭治郎が身をもって示してくれているといえるでしょう。

第５章
人間の弱さを鬼に学ぶ
～鬼は人間の反面教師だった～

鬼は利己主義の塊である

本章では、視点を、鬼殺隊側ではなく鬼側に移し、「やってはいけない悪いお手本」として、象徴的な鬼の言動や行動を取り上げます。これを反面教師にして、うっかり同じようなことをしてしまわないように注意していきましょう。

ここで述べることは、すでに第1～4章で主張や指摘をしてきたことと真逆の内容（裏を返すとまったく同じ内容）になりますので、コンパクトな解説にとどめ、テンポよく事例を紹介していきますね。

炭治郎をはじめとする鬼殺隊のメンバーと鬼との最大の相違点。

それは、鬼が「自分よりも他人」という考え（鬼舞辻に対する忠誠心は除く）はいっさい持っておらず、ひたすら「自分のため」に行動している点でしょう。

そこに**あるのは我欲のみ。利己的で、身勝手で、独善的。自分さえよければ相手は**

死んでも構わないというスタンスをとっています。

「腹立たしい……　小生の獲物だぞ　小生の縄張りで見つけた小生の獲物だ……」
（3巻　第21話「鼓屋敷」より）

これは、元十二鬼月の響凱が自分で食べるために屋敷に連れ込んだ稀血《まれち》の人間の子どもを狙って、別の鬼が勝手に屋敷に侵入してきたことに腹を立ててこぼしたセリフです。鬼同士に、仲間という意識はありません。殺し合ってでも獲物を取り合う関係ということを示唆しています。

「私は自分さえよければいい　アイツらは馬鹿だけど　私は違う」
（5巻　第41話「胡蝶しのぶ」より）

下弦の伍の累がつくった疑似家族の姉役の鬼は、自分がミスをしてしまったとき、累の要求や命令に従わずに殺されてきた鬼たちとは違うと自分に言い聞かせることによって、こみ上げてくる恐怖心をぬぐい去ろうとしました。

「自分さえよければいい」と断定しているところからは、潔さすら感じられるほど。本当に、他人のことはどうでもいいのでしょう。


「鬼は老いない　食うために金も必要ない　病気にならない　死なない　何も失わない　そして美しく強い鬼は何をしてもいいのよ…‼」

(10巻　第81話「重なる記憶」より)


上弦の陸の堕姫《だき》は、炭治郎から、かつて人間だったときは痛みや苦しみに涙したこともあるだろうと説教されたことに対し、こう反論しました。

「自分は何をしてもいい」と言い切られたら、逆の意味でぐうの音も出ません。この発言からは、この人にはなにを言っても無駄ということが、ダイレクトに伝わってきます。人間（堕姫は鬼ですが）、こうなったらもうおしまいです。

利己的な考え方は、必ず自分を不幸にします。
周囲の人からの信頼をたちどころに失います。

サッカーやバスケットボールで、自分が得点を取りたいためだけにフォーメーションや戦略を無視してシュートばかり打っていたら、いずれ誰からもパスがこなくなるでしょう。外してばかりなら、なおさらです。それ以前に、試合に出場することさえできなくなると思います。

自分の思い通りにならないといつも怒ったり、駄々をこねたりしていると、結果、思い通りになったとしても満足するのは自分だけ。まわりの人を不快な気持ちにさせてしまいます。そういう人は、本当に自分が困ったときに誰も助けてくれなくなってしまいます。

身勝手すぎる行動は、絶対に慎むべきなのです。

鬼は優しさの記憶が欠落している

本来、優しさを持っている人でも、自分のことしか考えられなくなると、ものごとの本質を見失ってしまいます。

『鬼滅の刃』で描かれている鬼は、つらい現実から逃れるために鬼舞辻に魂を売ってしまった人たちです。彼らは鬼になったことにより、人間時代に持っていた感情（優しさや他人を思いやる気持ち、感謝する気持ちなど）が欠落しています。

これは裏を返すと、どんな人でも、ものごとの本質を見失うと鬼（のよう）になってしまうということを、この作品が示しているということです。

最近は、大学生活や就職活動に対する不満を口にしたり、面倒くさい、遊ぶほうが大事といった理由で授業に出なかったりする学生が非常に増えてきました。そういう学生たちを目にするたびに私は思います。

いったい誰のおかげで大学生になることができたの？

授業料は誰が払ってくれているの？

もちろん、交通費や教科書代などを自分で出すためにアルバイトをしている学生もたくさんいます。ただ、どうしてか1人で生きてきたような態度をとってしまう人もいます。

頭のどこかに、これまでたくさんの愛情とお金をかけて育ててくれた両親や家族への思いがあれば、「そんなことを言ってはいけない、やってはいけない」という意識がはたらくでしょう。

でも、それがないように見える。

つまり、彼らは鬼側に寄っていることに気がついていないのかもしれません。


人間の脳のシステムは、自分に不利益があったことや嫌だと感じたことの記憶は、同じ状況になることを回避するために強烈にインプットされます。一方、他人に良くされたことは、回避する必要がないため、あまり記憶にとどまらないようにできています。だからこそ、あえてそちらに意識を向けることが大切なのです。

家庭の事情はさまざまなので、すべてがそうだとは言い切れませんが、基本的に誰からも一度も優しくされずに大人になる人間はいないと思います。人にしてもらったことを覚えていないのは、脳の性質もありますが、良かったことを刻もうとせず、当たり前にしてしまっている傲慢《ごうまん》さにもあります。

孝行したいときに親はなし———。

「自分がよければそれでいい」という考え方で人生を送っていたら、このことわざがいつか、現実のものになってしまうでしょう。


「生まれた時は誰もが弱い赤子だ　誰かに助けてもらわなきゃ生きられない　お前もそうだよ　猗窩座」

(17巻　第148話「ぶつかる」より)


戦いの最中に、自分は弱者が嫌いで、弱者が淘汰《とうた》されるのは自然の摂理であるという持論を展開する、上弦の参の猗窩座に対し、炭治郎はこのように異を唱えます。

このひと言で猗窩座の心が動くことはありませんでしたが、まさに炭治郎の言う通り。のちに、人間時代の猗窩座は、優しい心を持った青年だったことがわかる回想シーンが出てくることにより、炭治郎のこの言葉の重みがいっそう増すことになります。

猗窩座は、死ぬ間際にその記憶を取り戻すも、時すでに遅し。一度悪に魂を売ってしまうと、そう簡単に元には戻れなくなってしまうのです。

鬼は保身のためなら平気で嘘をつく

「嘘も方便」ということわざがあるように、時と場合によっては、嘘をついたその人のことを責められないケースがあります。

相手を傷つけないための優しい嘘。正論の通じない人にやる気を起こさせるための嘘。あえて自分が嫌われ役になる気づかいの嘘。相手との関係性を良くするための嘘……。

状況次第で必要になる嘘、ついて然るべき嘘はありますし、私もそういう嘘をついた経験があります。

しかし、**相手を傷つける嘘、他人の不利益になる嘘、自分の身を守るための嘘、見栄を張るための嘘を平気でつけるようになっては、絶対にいけないのです**。

訪れるのはマイナスの結果のみ。一時的にその場をしのいだとしても、長い目で見ると自分が不利益を被ったり、誰からも信頼されなくなったりします。

「嘘つきは泥棒の始まり」

このことわざは言い得て妙で、嘘をつくことに躊躇せず、悪意のある嘘は、ついてもなにひとついいことがないのです。

先ほども登場した、疑似家族の姉役の鬼は、討伐にやってきたしのぶに、これまで人間を何人殺してきたかと尋ねられた際に、心証を良くしようと数を少なく申告します。

しのぶとの圧倒的な力量差を感じ、まともに戦っても勝てないと悟ったことから、嘘をついてでもどうにか生き延びようとしたのです。

「……………五人　でも命令されて仕方なかったのよ」
（5巻　第41話「胡蝶しのぶ」より）

しかし、しのぶはすぐにこれを嘘であると見破ります。トータルで80人は喰っているはずであるとの予想を突きつけ、今日だけでも14人は殺しているという証拠を示します。

そしてこの鬼は逆上して反撃するも、「蟲柱」のしのぶの技をまともに喰らい、あっさりと毒殺されてしまうのです。

悪い嘘はいずれバレる。そして必ず報いを受ける。

みなさんも肝に銘じておきましょう。

鬼の絆には、恐怖と憎しみと嫌悪の匂いしかしない

「絆」という言葉は、固い信頼関係で結ばれた人と人とのつながりを意味します。

しかし、家畜をつないでおくための綱がその語源であり、もともとの意味は、信頼関係というより、どちらかというと支配関係を表す言葉なのだそうです。

そういう意味では、鬼舞辻と部下の鬼たちとの関係や、下弦の伍の累がつくった疑似家族の関係は、綱の絆で結ばれた状態といえるのかもしれません。

とはいえ、それが望ましい絆であるはずがなく、炭治郎は累に強い口調でこう訴えます。

「強い絆で結ばれている者は信頼の匂いがする　だけどお前たちからは　恐怖と憎しみと嫌悪の匂いしかしない　こんなものを絆とは言わない　紛《まが》い物…偽物だ‼」

（5巻　第36話「これはやべぇ」より）

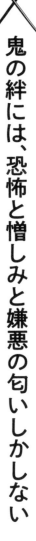

累はこれに激怒しますが、間もなく鬼殺隊によって疑似家族は崩壊に追い込まれ、炭治郎の言葉が正しかったことが証明されます。そして、累は人間時代に両親との絆を自ら切ってしまったことを思い出し、後悔しながら死んでいくのでした。

このような、恐怖でつながっている絆はもろく、必ずどこかでほころびを見せるものです。それを証明するような例は、私たちが暮らす現代社会でも、いくつも見ることができます。

社員が会社にがんじがらめになっているブラック企業。

部員が上の人の言いなりになっているクラブやサークル。

上下関係、主従関係がはっきりしていて、上に立つ者の力が強すぎると、得てしてこういう大問題に発展するものです。炭治郎の言うように、**恐怖に支配された関係に信頼で結ばれた絆は存在しません**。鬼舞辻と部下の鬼たちとの関係と、なんら変わりはないのです。

鬼は結果だけにこだわり、弱者を切り捨てる

結果だけにこだわり、ついてこられない者、実力が足りない者をすぐに切り捨てるスタンスは、かえって集団全体のレベルを低下させます。一部の優秀な者だけが突出した能力を持っていても、チームとして一枚岩になれないからです。

力のない者、下の立場の者には、努力をする機会、切磋琢磨する環境を与えて成長させてこそ、将来的にそのチームが成功する可能性が高まります。

手当たり次第に弱い者を切り捨てていくと、最終的には自分しか残りません。たった1人は、むなしいですよね。

「もう喰えないのか？　その程度か？（中略）数字は剥奪する　それがお前の限界なのだ」

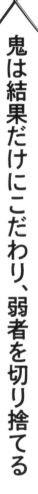

（3巻　第24話「元十二鬼月」より）

これは、悪の権化《ごんげ》である鬼舞辻が、まだ十二鬼月の地位を与えられていた時代の響凱が、強くなるために必要なのに、人間をだんだん喰えなくなってきたことを受け、容赦なく放ったクビ宣告です。

鬼舞辻はとにかく決断が早い。そこには迷いも慈悲の心もありません。

累が殺されたときはすぐさま残りの下弦の鬼たちを集め、「なぜ下弦はそれほどまでに弱いのか」と詰問《きつもん》しました。そして、そこで言い訳や弁解をする下弦の鬼たちを次々に粛清《しゅくせい》していきながらこう言い切ります。

「私は何も間違えない　全ての決定権は私に有り　私の言うことは絶対である　お前に拒否する権利はない　私が〝正しい〟と言った事が〝正しい〟のだ」

（6巻　第52話「冷酷無情」より）

これが鬼舞辻のやり方です。理不尽という概念すらも超越しています。

これではさすがに、部下の鬼たちがかわいそうですよね。ある中学生がこのシーンを読み、パワハラのすべてが描かれているので、自分の行動を省みるヒントにしないといけないと言っていました。

鬼舞辻の目的は〝青い彼岸花〟という陽の光を浴びても死なない体質になるための薬を手に入れること。

それを実現するために、邪魔な存在の鬼殺隊から我が身を守るよう、部下の鬼を増やし、完全実力主義を貫いてきました。鬼舞辻が唯一認めている上弦の鬼たちが、鬼殺隊に次々に倒されていくことによって、残念ながらその方針が正しくないことが証明されます。

結果にこだわることは悪くありません。

しかし、その過程を重視することも大事です。

トップがすべてを決めるのではなく、みんなで共有した目的意識を持ち、現場の意見、下の者の考えを取り入れながら、創造的なコミュニケーションをとり、みんなが成長し続けることができてこそ、その集団は強く、大きくなっていきます。

恐怖で支配する組織は、いつしか破綻《はたん》するものなのです。

妬み、恨みが人を鬼にする

誰にでも嫉妬や羨望《せんぼう》の念を覚えることはあります。

しかし、それをこじらせてはいけません。

「うらやましい」の語源は「うら（心）」＋「病む」であり、自分にないものを持っている人に対して抱く感情です。それを妬みに変えるのではなく、目標にすればいいのです。改善点を見つけ、足りないものを補う努力をする。自分を成長させるためには、そんな姿勢が求められます。


嫉妬心が反骨精神というかたちでエネルギーになるケースもありますが、相手に危

害を加えたり悪口を言ったりすることは鬼側の行動。それは完全にお門違いです。

最近は嫉妬心をこじらせて、ネット上に悪口の書き込みをしたり、個人を攻撃したりする人が増えていて、気持ちがどんよりとします。

方向性を間違えた承認欲求、ゆがんだ自己顕示欲を抱えている人があまりに多く、状況は悪化の一途をたどっているように感じます。

面と向かっては絶対に言えないことも、匿名だから言える。没個性化されているからできるというのは、小心者であくどいだけです。

心が満たされないから続けてしまう、という負のループにハマっていることに、やっている本人は気づいていないのでしょう。そもそもはじめからやらなければ、底の見えない不満感に侵され続けることもないのですが、そんな指摘があっても、彼らの耳には届かないのかもしれません。

それは、『鬼滅の刃』に登場する鬼たちも同じ。嫉妬心をこじらせすぎて、信じられないような発想に至るケースも少なくありません。当然ながら、炭治郎の十八番《おはこ》であるお説教にも聞く耳を持ちません。

その典型例とでもいうべきなのは、妓夫太郎・堕姫の兄妹2人からなる上弦の陸の鬼でしょう。人間時代は、過酷な環境で虐《しいた》げられながら幼少期を過ごしたこともあり、「持っている者」に対する恨み節、妬み節は度を越しています。とくに、兄の妓夫太郎は、常軌を逸しています。

イケメンでガタイのいい「音柱」の宇髄天元《うずいてんげん》に対しては……。

「その顔いいなぁあ　肌もいいなぁ　シミも痣《あざ》も傷もねぇんだなあ　肉付きもいいなぁあ　俺は太れねぇんだよなぁ　上背もあるなぁあ　縦寸が六尺は優に超えてるなぁあ」

（10巻　第86話「妓夫太郎」より）

自分がされて嫌だったことを、人にしてはいけない、と諭す善逸に対しては、堕姫の体に乗り移って反論したうえで、こう主張します。

「自分が不幸だった分は　幸せな奴から取り立てねぇと取り返せねぇ」（10巻　第88話「倒し方」より）

ネットやＳＮＳで他人の悪口をまき散らしている人たちも、これには真っ青でしょうが、程度の差こそあれ、やっていること、言っていることはさほど変わらないのではないでしょうか。

根底にある考え方や思想は同じ。他人をうらやましがるのは構いませんが、それを負のパワーに転じる行為は論外です。

世の中にパーフェクトな人間はいませんし、考え方や受け止め方は千差万別。良し悪しの評価は人によって異なり、ものごとは多面的であるのに、匿名の場で自分の正当性だけを主張し、他人を攻撃するのはよくありません。それは、バイアス（偏見）

といっていいでしょう。脳科学者の中野信子さんは、こういった行動を「正義中毒」と呼んでいます。

自分にないものが欲しかったら、手に入れる努力をする。

あるいは、代わりになるものを見つける。

そうやって対処していかないと、心がどんどん鬼化していってしまいます。

おわりに

このエピローグを執筆している時点では、『鬼滅の刃』の連載は『週刊少年ジャンプ』誌上でまだ続いています。

いったいどんな結末を迎えるのか？

正直に、素直に、真剣に。

いずれにせよ、この一点の曇りもない、炭治郎のまっすぐな生き方が、真の強さをつくり出し、多くの人々に勇気、活力、感動を与え続けてくれることは間違いないでしょう。

この本は『鬼滅の刃』の原作マンガに描かれているシーンをもとに内容を構成しましたが、ご存じの通りこの作品にはアニメ版も存在します。

興味深いのは、原作にはないシーンがアニメ版に登場することがあり、それが炭治郎らしさをいっそう際立てる役割を果たすなど、絶妙なスパイスになっているケースが多いことです。原作の良い部分をうまくくみ取って映像化しているのです。

たとえば、炭治郎と善逸が、最終選別以来の久々の再会を果たすシーン。

初対面の女性にいきなり求婚するという信じがたい行動をとっている善逸。嫌がる女性。そこに現れた炭治郎が、すぐに割って入って女性を助け、善逸は当然のごとくフラれてしまいます。2人は激しい言い争いをしたあと、同じ目的地に向けて一緒に歩き出しました。

ここで、アニメ版オリジナルのシーンが登場するのです。

お腹がすいたけれどなにも食べものを持っていないという善逸に、おにぎりを1個手渡す炭治郎。つい先ほどまで、善逸に「お前のせいで結婚できなかった。責任をとれ」と罵られたばかりなのに、いっさい根に持っていないあたりはさすがです。

善逸はひと口めをほおばると、「炭治郎は食わないのか?」と尋ねます。
すると炭治郎は、「それしかないから」と答えます。
それを聞き、おにぎりを半分に割って、「お前も食えよ」と片方を炭治郎に渡す善逸。
なんとこれに対し、炭治郎は「いいのか？　ありがとう」と返すのです。
もともとは自分のおにぎりなのに。しかも、最後の1個だったのに。

この、炭治郎の無限大の器の大きさと、善逸のさりげない優しさが伝わってくる、ほのぼのしたシーン。実は、2人の強さの核心にふれているといっても過言ではないと思います。ちなみに、このシーンなのですが、原作には描かれていません。アニメだけで見ることのできるひとコマです。

この本を読んでくださっているみなさんのほとんどは、きっと原作もアニメもカバーしている生粋の『鬼滅の刃』ファンの方だと思いますが、両方ともまだの方、あるいは原作のみでアニメを見ていないという方は、ぜひ見比べてみてください。楽しさが2倍にも3倍にもふくらむと思います。

『鬼滅の刃』は、かなり奥が深く、見どころがたくさん詰まった素晴らしい作品です。
この本で取り上げたセリフやエピソードは、ほんの一部でしかありません。また、主人公の炭治郎が関係するシーンが多くなりましたが、それ以外の登場人物たちも、あまたの名言を残したり、立派な行動をとったりしています。

作品全体が優れた人生の教科書。

そう表現しても、決して大げさではありません。
改めて原作を読んで、アニメを見て、多くのことを感じ取り、学び、参考にし、実生活に生かしていってください。
今よりもきっと、強い自分とゆるぎない自信を手に入れ、笑顔になれる瞬間、幸せを感じることのできる瞬間、達成感や満足感を覚える瞬間が増えることでしょう。

井島由佳

『鬼滅の刃』流
強い自分のつくり方

発行日　2020年 4月24日　第 1 刷
発行日　2020年12月14日　第10刷

著者　井島由佳

本書プロジェクトチーム
編集統括　柿内尚文
編集担当　舘瑞恵
編集協力　洗川俊一、岡田大
カバーデザイン　井上新八
本文デザイン　菊池崇＋櫻井淳志（ドットスタジオ）
校正　中山祐子

営業統括　丸山敏生
営業推進　増尾友裕、藤野茉友、綱脇愛、大原桂子、桐山敦子、矢部愛、寺内未来子
販売促進　池田孝一郎、石井耕平、熊切絵理、菊山清佳、吉村寿美子、矢橋寛子、遠藤真知子、森田真紀、大村かおり、高垣真美、高垣知子
プロモーション　山田美恵、林屋成一郎
講演・マネジメント事業　斎藤和佳、志水公美

編集　小林英史、栗田亘、村上芳子、大住兼正、菊地貴広
メディア開発　池田剛、中山景、中村悟志、長野太介、多湖元毅
管理部　八木宏之、早坂裕子、生越こずえ、名児耶美咲、金井昭彦
マネジメント　坂下毅
発行人　高橋克佳

発行所　株式会社アスコム

〒105-0003
東京都港区西新橋2-23-1　3東洋海事ビル
編集部　TEL：03-5425-6627
営業部　TEL：03-5425-6626　FAX：03-5425-6770

印刷・製本　株式会社光邦

Printed in Japan ISBN 978-4-7762-1083-2